売れる営業の「質問型」トーク

売れない営業の「説明型」トーク

青木 毅

日本実業出版社

はじめに

楽に成績を上げる「質問型営業マン」トーク

×

苦しんでも成績の上がらない「説明型営業マン」トーク

あなたはどちらを選びますか？

◎商品を紹介する営業の時代は終わりました

「営業」の仕事は今、大きな変化の時を迎えています。

モノが不足し、情報もあまりなかった時代は、商品の情報をいち早くお客様のもとに伝えるだけで、営業マンはお客様に喜ばれ、重宝されました。新しい情報を知らせることが営業マンの務めの1つでもあったのです。

知識のないお客様に、丁寧にわかりやすく、商品のメリットをお伝えすれば、それだけで採用、購入に向かうことができました。

ところが、その営業の役割が大きく変わっています。

今やモノはあふれ、情報はネットを通じて一瞬でお客様のもとに届けられます。どんな商品が開発されたのか、どんな競合商品があるのか、どんな新製品がこれから開発されるのか、価格はいくらなのか……。

すべてお客様はわかっているのです。

モノ不足の時代には、新商品を紹介すれば、お客様はこぞって欲しがったのに、モノ余りの豊かな時代には、いくら新商品を提案しても欲してくれないのです。

情報不足の時代には、新しい情報を欲しがっていたお客様が、そんなことはすでに知っていると、その情報さえ聞こうとしないのです。

◎お客様のアドバイザー、コンサルタントになりましょう

かつてのような、モノ不足、情報不足の時代の営業マンを、私は「説明型営業マン」と呼んでいます。

私も20世紀の後半から、ずっと営業という仕事についています。インターネットの出現はまだなく、情報不足ではありましたが、すでにモノがあふれはじめていた時代でした。ですから私の営業方法も、商品の説明をするだけでは買ってくれず、「説得型の営業」で、なんとかしのいでいました。

しかし、21世紀になり、それさえも不可能になりました。インターネットが出現し、モノ余りのうえに、情報過多の時代に入ったからです。

ついに「説明・説得型営業マン」では立ちいかなくなってしまったのです。

企業側の新商品に見向きもしないお客様、情報に耳を傾けてくれないお客様を強引に振り向かせようとしても、話を聞いてくれないのでは、どうしようもないのです。

では、どうしたらいいのでしょうか?

正解は、営業マンはお客様のアドバイザー、コンサルタント、あるいはカウンセラーという立ち位置の仕事に変わることです。

営業マンは、企業の代表としての使命を持ちながら、立場的にはお客様側に立ち、お客様が何を求めているのか、どのような問題を抱えているのかをヒアリングします。

その**解決策として情報の提供、自社の商品の提案をする必要があるのです。これこそが新しい時代の営業**です。

これは簡単なようで、実は意外にむずかしい作業です。

営業としての役割を変える必要があるからです。

今までの営業マンは、商品の「説明」をすることが役割でした。いかに商品がお客様のお役に立ち、生活を変えるかを、あらゆるトークのワザを使って説明していたのです。

このスタイルの営業から、お客様のアドバイザー、コンサルタント、カウンセラーというスタイルの仕事に変えるのです。

この新しいスタイルの営業を、私は「**質問型営業**」と名づけました。これこそが21世紀に必要な営業です。

先に、意外にむずかしいと書きましたが、営業としての役割を変え、スタンスを切り換えて質問を中心に話すことができれば、誰にでもできます。長い営業経験や、絶妙な説明の技術、会話を盛り上げる手法などは、ほとんど必要ありません。

それが「質問型営業」なのです。

◎質問型営業の効果を説明型と比べながら紹介します！

私は「質問型営業」というキーワードで、これまでに7冊の書籍を出版してきました。

また、2016年5月からスタートしたポッドキャスト（インターネットラジオ、毎週金曜日に配信）は現在、月間30万ダウンロードされております（経営・マーケティング部門での人気ランキングで常時ベスト5入り）。

ここで伝えているのが、「質問型営業法」です。これと対比しているのが従来型の「説明型営業法」です。

本書では、この2つの営業法を比べながら解説いたしました。

私は、営業コンサルタントとして、現在いろいろな企業・個人の営業の方々を指導していますが、ほとんどの営業マンが「説明型」の営業を行って苦労しています。

私自身、営業を実践してきた中で、この説明型営業を12年間、質問型営業を18年間実践し、体験しています。

どちらの営業法の時代も、とことん突き詰め、研究し、営業実績でナンバー1になり、いろいろな賞をいただきました。

文中で扱っている説明型営業法と質問型営業法のトークやその内容の多くは、私が実際に実践の中で、経験してきたものです。


本書では、説明型の営業法をあまり良い形で書いていないかもしれません。

しかし、これらの例は、私が説明型営業をしていた時代のまぎれもない事実です。実績を残しはしましたが、説明型営業マン時代は、辛く、苦しい部分が多かったのです。

それが、**質問型営業法を発見し、その営業法に切り替えたとたん、私の営業は今までに感じたことのないような楽しさと喜びに満ちあふれました**。

本文中にも書きましたが、お客様が友人のような感覚になりました。

紹介についても、むしろお客様から教えてくださるようになりました。

この2つの営業法の違い、落差を自分自身が体験・体感をしています。

この経験から、営業は「質問型」に変わっていったほうが、はるかに効果的で、お客様にも喜ばれるものになると思っています。
この本によって、あなたが自分自身の営業法を見直し、今後の営業のあり方を考え、決めていく助けになると信じています。

２０１７年２月

青木　毅

もくじ ● 売れる営業の「質問型」トーク 売れない営業の「説明型」トーク

第2章 「アポイント取り」は温かく質問することで成功率が格段に変わる！

第3章 「アプローチ」で質問から入ると、お客様のことがよくわかる！

第4章　質問することで「プレゼンテーション」に心地よいハーモニーが生まれる！

第5章 「クロージング」では本当に納得してご契約いただける！

第6章 「フォローアップ」も「紹介」もお客様から教えてくれるようになる！

第7章 ふだんの考え方・会話を「質問型」にすることであなたの営業は変わる！

カバーデザイン／吉村　朋子
カバーイラスト／高田　真弓
DTP／今村みさ子
プロデュース／阿部　岳彦

第1章

「質問型営業」と「説明型営業」では、考え方・やり方がこのように違う！

❶ 商品説明について

質問型営業（以下、質問型）「お客様の欲求・ニーズを知りたい！」

説明型営業（以下、説明型）「商品の魅力を伝えたい！」

説明型営業マンは、「商品」の説明に集中。質問型営業マンは、「お客様」のことに集中する。

説明型営業マンは、「商品の魅力を伝えたい！」と思っています。確かに、これは間違っていません。営業マンが自分の商品の魅力を実感している証拠です。

ただ、お客様はその商品に対する理解がありませんので、まだまだ冷ややかなのです。そんなお客様を見て、**説明型営業マンは、商品の説明で興味を引こうとします。**

説明型営業マン（以下、説明型）「今日は○○の商品について、ご案内にやってまいりました」

お客様「それについては、まだ、あまり興味がないのですが……」
説明型「皆様、最初はそのように言われるのですが、この商品の話を聞いていただくと驚かれます。お客様もきっとそのようになると思います」
お客様「そうですか……」
説明型「ではさっそく、商品の説明をしますね」
お客様「はあ……」

お客様へ商品の魅力を伝えれば、わかってもらえるはずだと思い、この後も一所懸命に説明するのです。そんな熱心に説明する営業マンを見て、お客様はますます冷ややかになります。

説明型営業マンの額には、アブラ汗が噴き出します。結局、お客様が話の途中でさえぎり、終わってしまうのです。もちろん契約は不成立です。

一方、質問型営業マンは、「お客様の欲求・ニーズを知りたい！」と思いながらお客様と接します。当然、お客様の欲求・ニーズを聞かせてもらうための質問を先に投げかけます。

質問型営業マン（以下、質問型）「今日は〇〇の商品について、ご案内にやってまいりましたが、**それらについてはどのように思っておられますか？**」
お客様「それについては、まだあまり興味がないのですが……」
質問型「なるほど。**では、その考えを聞かせてもらえますか？**」
お客様「いいですよ。私には、まずやらなければいけないことがありまして……」
質問型「なるほど。**詳しく聞かせてもらうことは可能ですか？　たとえば、それはどのようなことですか？**」
お客様「実は……」

このように質問型営業マンはお客様の現在の欲求・ニーズを第一に考え、まずそれを聞くことから始めます。このときに、**お客様の意見を一切否定することなく受け入れます。**提案したい商品の本題からそれていたとしても、あえて聞いていくのです。それがお客様の欲求・ニーズだからです。

話の中で、自分の商品で解決できそうだとわかれば、提案に持っていきますし、できなければ、むしろ引き下がるいさぎよさを持っているのです。

ですから、トークは次のように展開します。

〈自分の商品で解決できる場合〉
質問型「お客様のお話をおうかがいしますと、私どもの商品で解決できそうですが……」
お客様「それはどういうことですか？」
質問型「**先ほどのお話の□□の解決になると思います**」
お客様「なるほど」
質問型「**一度、話をお聞きになりませんか？**」
お客様「わかりました。では聞かせてもらいましょう」

〈自分の商品で解決できない場合〉
質問型「お客様のお話をおうかがいしますと、**まず、××を先に解決していただくほうがいいみたいですね**」
お客様「そうですか」
質問型「それをまず解決いただいて、そこから私どもの商品についてお考えいただければ、と思いますが」
お客様「そう言っていただければ、助かります」
質問型「**どれぐらいで解決しそうですか？**」

お客様「3か月ぐらいだと思います」
質問型「では、それぐらいの頃に、私からお電話させていただきますね」
お客様「わかりました。ありがとうございます」

このように説明型営業マンは商品の魅力でお客様に提案を行いますが、質問型営業マンはお客様の欲求・ニーズにそって、提案を行います。
お客様が一日中考えていること。それは自身の欲求・ニーズの実現。あるいは、そのための問題・課題の解決策についてです。だからこそ、お客様の欲求・ニーズの質問から入るのです。
結果は、どちらがよいか、あなたにもおわかりだと思います。

ここがPoint

意見を否定せず聞いていく

❷トーク内容の違い

質問型「どこまでも質問に徹しよう！」
説明型「どこまでも説明に徹しよう！」

説明型営業マンは、丁寧に説明することを目指す。質問型営業マンは、お客様に質問することを目指す。

説明型営業マンは、お客様に常に説明しようとします。説明することによって、お客様は商品についての欲求が高まる、つまり欲しくなると思っているからです。ところが、お客様にとっては、営業マンに説得をされているように聞こえてしまうのです。

お客様「これって、本当にいいのでしょうか？」
説明型「お客様、先ほども申しましたように、この商品はお客様に最適の商品です」

お客様「そうですか」
説明型「なぜなら、この商品は使いやすく、重さも軽く、手軽に持ち歩けるからお客様にぴったりです」
お客様「そうかもしれませんけどね」
説明型「きっと、喜んでいただけますよ」
お客様「そうですか…」

説明が習慣となっている営業マンは、お客様のすべての言葉に対して説明しようとしてしまいます。そうなると、お客様はその営業マンの言葉に「はい」と返答するしかなくなります。

「そうかもしれないですけど……」とか、「言われることはわかりますが……」などと言おうものなら、再び、その言葉に対して説明されるので、ついにはお客様は何も言わなくなり、押し黙ってしまうのです。

とくにクロージングの場面などでは、説明型営業マンの場合は説明に力が入りすぎ、「説得」になってしまう傾向にあります。したがって、お客様から「しばらく考える」「相談する」などの逃げ口上で、購入への判断を遅らされたりしてしまうのです。

これに対して、質問型営業マンは、どこまでも質問に徹します。**お客様自身が納得することこそが、商品購入への一番の近道であること**をわかっているからです。そのためには、お客様が自分自身で答えを引き出すことこそ、最も効果的であることを知っているのです。

先ほどの例では、質問型営業マンの場合は次のようにトークが変わります。

お客様「これって、本当にいいのでしょうか？」
質問型「**お客様はどう思われますか？**」
お客様「確かに、使いやすそうですし、手軽さがいいと思いますね」
質問型「そう言っていただければ嬉しいですが、**なぜそのように思っていただいたのですか？**」
お客様「まず、操作が簡単なこと。そして、軽いことですね」
質問型「さすが、よくわかっていただいたようですね。お役に立てるようで嬉しいです」
お客様「こちらこそ、いいものをご紹介いただき、ありがとうございます」

このように**質問型営業マンは、お客様に考え、答えてもらう**のです。

ここで人間の行動原則を説明しましょう。

「人間は誰もが、自分の思った通りに動きたい」という特徴を持っています。つまり、「周りの人がどのように言い聞かせようと、自分の思った通りにしか動かない」のです。

図式にしますと、**「感じる・思う→考える→行動」**の段階を経て、人は行動へと進んでいくのです。これを質問型営業マンはよくわかっています。

質問型営業マンは、**質問をしながらお客様の思いを強め、考えを明確にして、お客様が自ら行動する方向へもっていく**のです。

まさに先ほどの、「お客様はどう思われますか?」「なぜそのように思っていただいたのですか?」という質問は、その行動原則に則《のっと》った質問と言えるでしょう。

ここがPoint

質問でお客様の思いを明確にする

③ 営業トークの流れ

質問型「お客様の欲求・ニーズに向かって説明しよう！」

説明型「順番通り説明しよう！」

説明型営業マンは、説明の順番を大事にする。質問型営業マンは、お客様の欲求・ニーズを大事にする。

説明型営業マンは説明中心に話しますので、説明で効果を上げられるようなシナリオをいつも考えています。そして、シナリオの順番通りに話したいと思っています。ですから、スタートでは次のようにお客様に話し始めます。

説明型「今日はお時間をとっていただき、ありがとうございます」
お客様「いいですよ」

説明型「それでは、お客様によくわかっていただけるようにお話ししますね」
お客様「はい」
説明型「では、まず、私どもの会社のことと、私どもの会社がどのようなことをやっているかをお話しします。次に、今回の私どもの商品についてですが、お客様にどのように役立つかをお話しします。何かありましたら遠慮なくご質問をくださいね」
お客様「わかりました」

このように、「順番に話をします」と言われると、お客様は聞かないとしようがないと思ってしまいます。したがって、「とりあえず、話を聞こう」と、受け身になってしまうのです。

営業マンは「何かあったら質問してください」と言っていますが、お客様は「とりあえず聞くだけ聞いて、後で質問しよう」と考えます。ですから、営業マンの一方通行の話になる場合が多いのです。

一方、質問型営業マンは、質問中心ですので、お客様の欲求・ニーズを聞こうとします。その欲求・ニーズの実現に向かって説明しようとしますので、スタートの会話は次のようになります。

質問型「今日はお時間をとっていただき、ありがとうございます」
お客様「いいですよ」
質問型「それでは、お客様によくわかっていただけるようにお話ししますね」
お客様「はい」
質問型「そのためには、私どもは『お客様が今回私どもの商品について何を求めておられるのか？』ということよりも、**『現状でどのようなことに困っていらっしゃるのか？』『どういうことを解決したいのか？』が最も重要なことだと思っています。いかがでしょうか？**」
お客様「確かに、その通りです」
質問型「ではまず、**そのことを聞かせていただけますか？**」
お客様「わかりました」

営業マンにこのように言われると、お客様は最初から自発的に自分のことを話してくれます。話すことで、お客様は改めて、自分自身の現状や自分が何を求めているかを自覚します。それを聞かせてもらった営業マンは、お客様の欲求・ニーズの解決に向けて商品の話ができるのです。

お客様も、自分に関連することですので、前のめりで聞こうとします。

どちらの営業マンも、同じように「お客様によくわかっていただけるようにお話ししますね」と言っているのですが、説明型営業マンは、「お客様に説明がよくわかるように話します」と言っています。

かたや、質問型営業マンは「**お客様の欲求・ニーズがどのようなことで、その解決に対してどうすればいいのかがわかるように話します**」と言っているのです。

もし、あなたがお客様だったら、どちらの営業マンを歓迎しますか?

ここがPoint

欲求やニーズをさぐることが大事

❹ 何を提案するのか

質問型「お客様に解決策を提案している」

説明型「お客様に商品を提案している」

説明型営業マンは、商品そのものを提案する。質問型営業マンは、商品による「解決策」を提案する。

営業マンが提供する商品は、お客様にとって役立つものです。ですから、営業マンとして、この商品がいかに役立つかをお客様に説明する必要があります。

ただ、**説明型営業マンと質問型営業マンでは、その説明の順番が違います**。それは、「商品を売るのか」「解決策を売るのか」の違いになるのです。

説明型営業マンは、どうしても商品の説明をしようとします。商品がお客様のお役に立つと言いたいのです。

説明型「お客様、今日はキャンペーン商品のご案内にまいりました。仕事の効率化を考えている方には、きっとお役に立つと思います」
お客様「まあ、うちはそれなりにやっているから」
説明型「でも、この商品はさらなる効率化にすごく役立つんですよ。それに、効率化にはきりがないじゃないですか」
お客様「それはそうだけどね」
説明型「少しでいいから、聞いてもらえませんか」
お客様「いや、今のところいいよ」

商品が効率化のために役立つということで、営業マンは提案しているのです。お客様を訪問すれば、何の訪問かがわからなければいけませんので、商品とその目的について話すことは、いいでしょう。

そこからがいけません。さらに商品のことを伝えようとしているのです。つまり「商品を売るモノ売り」になっているのです。

これでは、お客様が多少興味があろうが、「話を聞くと商品を買わないといけないな」という感じになり、敬遠してしまいます。

これが説明型営業マンの特徴です。「商品ありき」で、それがお客様に役立つことを伝えようとするのです。肝心のお客様が、その商品をどれぐらい求めているかを確かめていないのです。

質問型営業マンは、あくまでもお客様の欲求・ニーズについての解決に集中しますので、そのような会話にはなりません。

質問型「お客様、今日はキャンペーン商品のご案内にまいりました。**仕事の効率化を考えている方にお役に立つものですが、そういうことはお考えですか？**」
お客様「まあ、うちはそれなりにやっているからね」
質問型「そうですよね。日ごろから、いろいろ取り組んでおられるみたいですものね。たとえば、**どのようなことに取り組んでおられるのですか？**」
お客様「そうですね。とくに、時間の効率化については、日ごろから話し合っていますね」
質問型「なるほど。さすがですね。**効果のほうはどんな感じですか？**」
お客様「出ていますよ。おかげさまで社内の残業が減りましたね」
質問型「いやー、さすがですね。では、**さらにこういう部分の効率化を進めていきたいと**

いったお考えはあるのですか？」
お客様「まー、しいて言えば、事務関係の簡略化かな」
質問型「**それはどういうことですか？**」
お客様「いろいろな書類が多くなってね。こなすのに時間がかかりすぎているんですよ」
質問型「では、**それが解決できたらいいですね**」
お客様「そらそうだよ」
質問型「今回のご提案は、そのことにお役に立つと思いますよ」
お客様「そうなの？」
質問型「そうなんです。**一度お話、聞かれませんか？**」

同じように商品とその目的を話すところから会話が始まったとしても、お客様の欲求・ニーズについての解決に集中しますから、後が大きく変わってきます。

説明型営業マンは商品が役立つことを話そうとしますが、質問型営業マンはお客様が望んでいる状況を聞こうとするのです。

そのうえで、お客様の欲求・ニーズ、問題・課題の解決を行うために役に立ちますよ、と提案を行うのです。

「お客様に商品を提案している」か、「お客様に解決策を提案している」かは、説明型と質問型の違いの中で、最も大きなものです。

この違いをわかっているかどうかで、ただの売り子になるのか、アドバイザー・コンサルタントになるのか、が変わってきます。営業におけるお客様に対するさまざまな段階のトークがまったく違ってくるのです。

さらには、営業におけるお客様との関係、紹介の有無、営業成績、ひいては誇り、プライド、営業リーダーとなったときの指導力など、あらゆるものに影響を与えるのです。

ここがPoint

お客様が望んでいることを聞いていく

❺ クロージングに向けた行動

質問型「お客様は自ら動く！」

説明型「お客様は動かさないといけない！」

説明型営業マンは、お客様は躊躇するので動かして採用させようとする。質問型営業マンは、お客様自身で採用に向かわせる。

説明型営業マンは、「お客様というのは、商品についてよくわかっていない。だから、私たちが説明し、その良さを伝えなければいけない」と思っています。

さらに、「最終的には、いくらいいものでも、お客様は購入に際して躊躇《ちゅうちょ》するので、購入へと導かないといけない」と思っています。

ですから、会話は次のようになります。

説明型「お客様、それは秋の新作で、すごく人気があるんですよ。ご存知でした？」
お客様「いえ、知らなかったわ」
説明型「市場にもそんなに出回っていませんので、きっと周りから羨望《せんぼう》の目で見られると思いますよ」
お客様「そうなの？」
説明型「お客様にお似合いになると思います。残りはわずかですから、決めておかれたほうがいいですよ」
お客様「でもね。本当に似合うかしら」
説明型「ええ、間違いなくお似合いです」

どうしても、説明型営業マンは、説明して導いていこうとしてしまい、このような少し強引なトークになってしまいます。

一方、質問型営業マンは、「お客様は商品についてよくわかってないとしても、自分にとって良いか、そうでないかは自分自身で判断したいと思っている」、さらに「専門家にアドバイスを求めたとしても、お客様は最終的には自分で決めたいと思っている」ということをわかっているのです。
ですから、質問型営業マンは次のような会話になるのです。

質問型「お客様、その商品はご存知ですか？」
お客様「いえ、知らないわ」
質問型「**どこかで、同じようなものをご覧になったことはありませんか？**」
お客様「そういえば、雑誌で見たかな？」
質問型「そうなんです！　よくご存じで。さすが、お客様。今年の秋の新作なんです！」
お客様「そうなのね」
質問型「**実際に見られて、どう思われますか？**」
お客様「素敵ね」
質問型「**街で、着ておられる方はいましたか？**」
お客様「いないわね」
質問型「そうなんです。まだ市場にはそんなに出回っていませんので」
お客様「じゃ、周りから羨望の目で見られるかもね。私に似合うかしら？」
質問型「**お客様自身でどう思われます？**」

お客様「悪くないわね」
質問型「そうなんです。お客様にとってもお似合いですよ。残りはわずかですよ」
お客様「じゃ、思い切って、いただいておこうかしら」

質問型でのポイントは、常に営業マンが質問して、お客様に答えてもらっているところです。

たとえば、お客様が「私に似合うかしら？」と言われたときに、営業マンが「お客様自身でどう思われます？」と質問を返した部分などです。営業マンは自分の意見は後にして、まずお客様に答えてもらうのです。そのうえで、専門家としての見解を伝えるのです。

お客様の判断が重要であり、それを後押しするのが営業マンの仕事であるとわかっているからです。

お客様の感覚を大事にして、28ページでお伝えしたように、「感じる・思う→考える→行動」の段階で、お客様の感覚や思いを進めることが大事だとわかっているのです。

ここがPoint

お客様の意見を聞く

❻営業のスタンス

質問型「お客様のアドバイザー、コンサルタント」
説明型「企業側の営業マン」

説明型営業マンは、会社の営業マン。質問型営業マンは、お客様のアドバイザー、コンサルタント。


「営業マン」というと何をイメージするでしょうか？

おそらく、「商品を説明する人」「商品を売る人」でしょう。

では、「アドバイザー」「コンサルタント」は何をイメージするでしょうか？

こちらは、「あなたの現状や欲求をしっかり聞いてくれ、その実現や解決のためにどのようにすればいいのかを助言してもらえる専門分野のプロ」でしょう。

では、あなたがある分野の商品を買おうとするときに、話を聞きたいのはどちらでしょうか？　営業マンか、アドバイザーもしくはコンサルタントか？
もちろん、後者でしょう。

「営業マン」というと、企業から派遣された人ですから、商品についても悪いことは言いません。競合他社についてはあまり話題に出さず、自社の商品の内容、メリットを伝えるイメージです。

「アドバイザー」や「コンサルタント」というと、お客様のことをまず聞いてくれ、解決策として商品について紹介・説明をしてくれるイメージです。商品についての良いところ、良くないところをしっかりと言ってくれる感じです。

この情報過多の時代に、アドバイザーやコンサルタントは、一緒になって自分のことを整理してくれ、考えてくれそうです。

前者が説明型営業マン、後者が質問型営業マンとなるのです。

ここで、営業の役割について考えてみましょう。

「営業とはお客様へのお役立ち」であるはずです。商品はお客様が困っていることや、望んでいることを解決、実現するために開発されたもののはずです。お客様のお役に立つためにその商品があるのです。
だからこそ、次のような会話でお客様との会話をスタートさせるのは、おかしいのです。

説明型「お客様、今日はお時間をとっていただき、ありがとうございます。貴重なお時間ですし、それではさっそく、私どもの商品がどのようなもので、お客様にどのような効果があるかをお話しさせていただきますね」

これでは、営業マンは単なる商品についての説明屋に過ぎなくなります。自分の商品の説明をするだけなら、録音した機械でも十分に用が足ります。
お役立ちと考えるならば、営業マンは次のように会話を進めるべきでしょう。

質問型「お客様、今日はお時間をとっていただき、ありがとうございます。貴重なお時間ですし、**それではさっそく、私どもの商品についてお話ができればと思いますが、その前にどうしてもお聞きしたいことがありますが、いいですか?**」
お客様「何でしょうか?」

質問型「今回、なぜ、このように時間をとって私どもの話を聞いてみようと思われたかなんですが、どのような理由でしょうか？」
お客様「なるほど。実は……」

営業マンは質問をきっかけに、お客様が解決したいことや、解決への取り組みについて聞くのです。それらをしっかり聞いたうえで、解決策の提示として商品の提案ができるのです。お役立ちのために商品の提案をするのです。

これが、営業という役割をアドバイザー、コンサルタントに引き上げることになるのです。

ここがPoint

悩みの解決策として商品を提案する

❼ 営業とは？

質問型「営業とは楽しく、嬉しいもの」

説明型「営業とは辛く、苦しいもの」

説明型営業マンは、断られるばかりで辛い仕事だと思っている。
質問型営業マンは、感謝される楽しい仕事だと思っている。

当社（株式会社リアライズ）のホームページを訪れていただく方々の、検索キーワードのナンバー1は何だと思われますか？

「営業　辛《つら》い　苦しい」です（笑）。

どうも巷《ちまた》では「営業とは、辛く苦しいもの」というイメージが刷り込まれている人が多いようです。

このような営業マンは、どのようなことを話しているでしょうか？

「何件訪問しても、断られるばかりでいやになるよ」
「どこをあたっても聞いてくれない人ばかり」
「アポイントもなかなか取れない」
「いったい、お客様はどこにいるのかね」
「最終まで話をしても、『考えておくよ』だ」
「もう、営業の仕事がいやになったよ」

こんな具合です。問題は、どこにあるのでしょうか？
「自分の商品の説明をしよう」としているところにあるのです。この話に次の言葉を入れてみましょう。

「何件訪問しても、商品説明を聞いてくれず、断られるばかりでいやになるよ」
「どこをあたっても商品説明を聞いてくれない人ばかり」
「商品説明のアポイントもなかなか取れない」
「いったい、商品説明を聞いてくれるお客様はどこにいるのかね」
「最終まで商品説明をしても、『考えておくよ』だ」

「もう、商品説明の営業の仕事がいやになったよ」

お客様が商品を欲してもいないのに、商品がお客様自身の問題や課題の解決になるかどうかがわからないのに、話を聞くわけがないのです。

だから「商品説明を聞いてくれない」「断られる」「アポが取れない」「考えておく」になるのです。

そのような態度のお客様が続くと、「自分の商品の説明を聞いてくれるお客様はこの世の中にはいない」「営業という仕事はなんて辛く、苦しいのだ」となり、「営業をやめたい」「営業という仕事はしたくない」となるのです。

これは、営業という仕事を間違ってとらえていることに問題があるのです。営業とは「商品の説明をする仕事」ではないのです。

営業とは、お客様の欲求・ニーズの解決・実現に役立つ仕事なのです。

自社の商品がお客様に役立つことを示すことが目的なのです。その観点で先の言葉を見てみると、営業に対する見方・考え方はこのように変わります。

説明型「何件訪問しても、断られるばかりでいやになるよ」
↓質問型「自社の商品で解決できる欲求・ニーズを持っているお客様を探そう！」
説明型「どこをあたっても聞いてくれない人ばかり」
↓質問型「欲求・ニーズを解決できる話を聞きたがっているお客様を探そう！」
説明型「アポイントもなかなか取れない」
↓質問型「欲求・ニーズの解決を求めているお客様にアポイントを取ろう！」
説明型「いったい、お客様はどこにいるのかね」
↓質問型「欲求・ニーズの解決を望んでいるお客様は必ずいる。だって、今までにたくさんの人がこの商品を買っているのだから！」
説明型「最終まで話をしても、『考えておくよ』だ」
↓質問型「欲求・ニーズを解決できる方法を、お客様と話し合おう！」
説明型「もう、営業の仕事がいやになったよ」
↓質問型「欲求・ニーズの解決を願っているお客様に役立つことは楽しいことだ！」

営業とはお客様のお役に立つ仕事なのです。あなたの商品で解決できる欲求・ニーズを持っているお客様を探し、提案する仕事なのです。

お客様を探すのに、質問を使うのです。

お客様を探すことに、時間をかけるのです。欲求・ニーズを持っているお客様なら喜んであなたの話を聞いてくれます。

そのお客様が採用することになれば、営業マンはお客様から感謝されます。だからこそ営業は楽しく、嬉しい仕事にどんどんなっていくのです。

説明型営業から質問型営業に。これこそが、営業を「辛く、苦しいもの」から「楽しく、嬉しいもの」に切り替える方法です。

ここがPoint

営業はお客様の「お役に立つ」仕事

❽「売上げ」についての違い

質問型「自然に売上げが上がり、それが継続される」

説明型「一所懸命やっても、その売上げに波がある」

説明型営業マンは、売上げに波がある。質問型営業マンは、自然に売上げが上昇。

「売上げを上げる」
「目標を達成する」
「予算を達成する」
「ノルマをクリアする」

これらは、営業マンには、必ずついてまわるものです。これらのとらえ方で「営業は辛い、苦しい」にもなり、「営業は張り合いがあり、楽しい」にもなるのです。

説明型営業マンは、営業の目標を「商品の説明をすること」に置きます。「商品の説明をすることが営業の務めだ」「商品説明すれば、必ず魅力を感じて採用してくれる」と思っているからです。

したがって、説明型営業マンは、最終のクロージングでも次のような言葉で熱心に説明し、説得します。

「絶対に役立ちますよ」
「またとないチャンスです」
「間違いないです」
「必ず喜ばれます」
「今こそ、採用しなければ後悔しますよ」

説明型営業マンは「絶対」「またとない」「必ず」「間違いない」「今こそ」と言い切りの言葉のオンパレードになってしまうのです。

ところが、営業マンが説明に力を入れれば入れるほど、お客様は自分で考えて判断することができなくなり、保留にするか、断ることになるのです。

返事を聞いた営業マンは、自分が熱心に説明した分だけ、ショックも大きく、落胆してしまいます。

「自分の説明のいったいどこが悪いのだ」「なぜ採用しないんだ」と**営業マンは、お客様に対して疑問を持ちます**。

また、「自分の説明が下手だからだ」「なぜうまく説明できないんだ」と**自分の営業に疑問を持ちます**。この疑問が営業への自信を失わせ、行動量を減らします。このように日々を過ごすうちに、目標期日が迫り、また慌《あわ》てて動き始めるのです。

そんな動きの説明型営業マンは、売上げに波があるのです。

かたや、質問型営業マンは売上げ、予算、ノルマというものを「お客様へのお役立ちの貢献量」と考えています。

お役立ちという貢献量が目的です。当然、「お役立ち」のための行動がお客様の欲求・ニーズに向かってのその解決・実現のサポートであり、そのために商品があることもわかっています。

したがって、質問型営業マンは説明をしたお客様に、最終のクロージングでは、次のような言葉を使って、お客様に質問します。

「どのように感じられましたか？」
「たとえば、どのようなところが良さそうですか？」
「お客様のお役に立つと思いますが、どう思われますか？」
「採用して、効果を実感されると思いますか？」
「お客様にとっては、チャンスになるのではと思いますが？」

質問型営業マンは、商品の採用はあくまでもお客様の判断であるとよくわかっています。したがって、質問して欲求・ニーズに対して役立つかどうかを聞くのです。

不採用や保留だった場合は、お客様の欲求・ニーズの引き出し方、解決策としての商品の説明の仕方について、課題を見つけ、改善の材料とします。

お客様を責めることも、営業マン自身を責めることもありません。改善部分がわかれば、すぐさま次の行動に向かいます。

質問型営業マンの目標の追求は、無駄がなく、説明に強引さがなく、説明の内容にぶれがありません。

結論的には、質問型営業マンは気分的な落ち込みがないので、行動量が一定で、安定した売上げを上げることができます。
質問型営業マンのお客様は増え続け、今すぐの契約ではなくても、将来、花が開き、確実に達成していくことになるのです。

ここがPoint

売上げはお客様への「お役立ち」の量

❾ 営業として目指すところ

質問型「お客様から感謝してもらえるようになりたい！」

説明型「みんなに憧れられるようになりたい！」

説明型営業マンは、ほかの営業マンから「憧れられる」を目指す。
質問型営業マンは、お客様からの「感謝」を目指す。

最後は、説明型営業マンと質問型営業マンの目指すものの違いです。

説明型営業マンは、基本的に説明中心の営業です。考えていることは、「上手な説明をすること」「魅力ある説明をすること」「お客様を惹《ひ》きつける説明をすること」です。

説明型営業マンにとって、お客様とは一筋縄ではいかない相手です。そのお客様を魅了して、自分の説明で惹きつけるのです。これはパワーがいりますし、聞かせるテクニックもいります。

説明型営業のトップの人たちは、この力がずば抜けています。ですから、このような営業マンになりたいと憧れられるのです。

説明型営業マンは、そのトップ営業を見て、次のように思います。

「なんて、素晴らしい営業マンだ。彼の放つオーラ、雰囲気、表現力、説得力。私も営業の道に入ったからには、あのような営業マンになりたい。私も多くの営業から憧れられるようになろう！　そのためにトップ営業になろう！」

もちろん、これも悪くはないでしょう。しかし、ここには、意外な落とし穴があります。

それは次のようなことです。

・説明中心の営業はパワーを増すと説得力を増し、お客様を洗脳状態に陥《おちい》らせる。それはある意味では一時的な興奮である。お客様がそこから覚めると、**冷静になり、改めて商品を見直したときに、キャンセルや再度検討になる場合がある。**

・営業マンのオーラや雰囲気、表現力、説得力は一朝一夕《いっちょういっせき》にできるものではなく、**それなりの年数の訓練と経験がいる。**

・お客様にすれば、説得力のある営業マンがいいのではなく、**自分の欲求・ニーズを解決・実現してくれる営業マンが、いい**のである。

・説明に全精力を傾けるということは、販売、採用に焦点を絞ることになり、**フォローアップ（成果確認）が手薄になり、紹介等の展開が弱くなる。**

一方、質問型営業マンが目指すものは、基本的に質問中心の営業です。この営業マンの考えていることは、「お客様を知ること」「お客様の欲求・ニーズを知ること」「お客様の欲求・ニーズの解決・実現に役立つこと」です。

質問型営業マンにとって、お客様は一期一会《いちごいちえ》の出会いの、かけがえのない友人です。その友人であるお客様を理解し、役立とうとすることに力をそそぎます。お客様の欲求・ニーズを引き出し、実現・解決に最大限に協力します。そのために商品の提案があるのです。

質問型営業のトップの人たちは、この力がずば抜けています。質問型営業マンにとって、主役はお客様なのです。お客様を理解し、お客様の心の中の欲求・ニーズを引き出すことに集中し、そこに喜びを感じます。

お客様自身も気がついていない欲求・ニーズを引き出し、解決策を一緒に考え、提案できたときには、質問型営業マンは最高の賛辞である「感謝」を受けるのです。その喜びは、何ものにも代えがたいものであり、最高のモティベーションなのです。

これを傍《かたわ》らで見ている営業マンは、次のように思います。


「何て、素晴らしい営業マンだ。

彼の持つ温かさ、柔らかさ、そして、誰に対しても変わらぬ優しい雰囲気。

何よりもいつもお客様から感謝を受け、慕《した》われている。

私も営業の道に入ったからには、あのような営業マンになりたい。

私も営業の道に入ったからには、あのように多くのお客様から感謝される営業マンになり、結果としてトップに押し上げられるようになろう！」

「質問型営業」は究極の営業です。しかし、実は誰にでも目指し、行きつけるものです。

それは次の理由によります。

- 質問型営業マンは、どこまでもお客様に寄り添い、理解し、欲求・ニーズを引き出すことに集中する。主役はお客様であり、自分はその脇役、サポートである。お客様が気がつかなかったことまで気がつかせる力は、お客様のことをかけがえのない友人として見ているからこそである。そのような中で、**提案できた商品こそがお役立ちの姿であり、キャンセルや再検討など一切なく、お客様は熱心なクライアントとなる。**
- 質問型営業マンの温かさ、柔らかさ、雰囲気は、お客様への思いからである。**お客様の話を引き出すために質問があり、短く、簡素で誰にでもできる**ものである。
- お客様にすれば、**自分を理解してくれ、自分の欲求・ニーズを解決・実現してくれる営業マンが、いい**のである。
- お客様を理解し、欲求・ニーズの解決・実現に全精力を傾け、**商品の採用でそれが解決・**

実現できたかどうかに焦点が絞られているので、フォローアップ（成果確認）にも自然に力が入り、紹介等の展開になる。

第１章では、説明型営業マンと質問型営業マンの違いを説明してきました。違いをわかっていただけたでしょうか。

第２章からは、営業の各段階で、具体的な例を出しながら、さらに違いを見ていきます。先に述べたように、質問型営業は、長い時間をかけた訓練や、経験がなくてもできるものです。誰にでも明日から質問型営業が使えるような事例を出していきます。大いに活用してください。

ここがPoint

「感謝」を最大の目標とする

第2章

「アポイント取り」は温かく質問することで成功率が格段に変わる！

❶ アポイントの最初の一言

質問型営業（以下、質問型）「私どものことはご存じですか？」

説明型営業（以下、説明型）「今日は私どもの会社のご案内です」

説明型営業マンは、すぐさま説明に入ろうとする。質問型営業マンは、すぐさまコミュニケーションに入ろうとする。

アポイント取りは、面会の予約を取る作業です。電話や飛び込みでお客様に自社の商品・サービスについて興味を持ってもらい、面会を取りつける作業です。

ポイントは、お客様の欲求・ニーズの解決に対して、自社の商品・サービスの情報が役立ちそうだ、ということをわかってもらうことです。

説明型営業では、どうしても自分の商品の説明・サービスの内容でお客様を惹きつけ、面会を取ろうとしてしまいます。

説明型「お電話失礼します。△△会社の○○と申します」
お客様「何でしょうか？」
説明型「実は、今日は私どもの会社のご案内です。今、非常に多くの親御様に喜ばれている学習塾を開いています」
お客様「別にそういうのはいいのですけど……」
説明型「実は、皆様そう言われるのですが、お子様はいらっしゃいますか？」
お客様「一応、おりますが……」
説明型「そのお子様の成績が上がるんです。実は、親御さんの多くが困っているのが、お子さんの勉強グセというものなんです。それが……」

とにかく説明さえすれば、わかってもらえる、興味を引くはずだと思っているのです。反対意見や興味がないお客様であっても、説明をしっかり聞いてもらえれば興味が出てくると考え、一所懸命に自分の商品・サービスの説明をしようとするわけです。

これに対して、質問型営業マンは、お客様の欲求・ニーズを引き出すためには、お客様に話してもらうことだと思っています。

そのためには、**お客様に口を開いてもらうことが重要**だとわかっています。ですから、電話でも早々に質問に入ります。

質問型「お電話失礼します。△△会社の○○と申します」
お客様「何でしょうか」
質問型「はい、**私どもの会社のことはご存知でしょうか？**」
お客様「知らないですけど」
質問型「失礼しました。学習塾を開いている会社です。**お時間、少しだけ大丈夫でしょうか？**」（謙虚に素早く言う）
お客様「はい、何ですか？」
質問型「ありがとうございます。**失礼ですが、お子様はいらっしゃいますか？**」
お客様「いるよ」
質問型「そうなんですね。おいくつですか？」
お客様「小学校の子供２人だけどね」
質問型「そうですか、かわいい盛りですね。**そのお子様の勉強については気にされますか？**」
お客様「それは、多少はね」

質問型「そうなんですね。**たとえば、塾なども考えられますか？**」

このように、挨拶をしたら、すぐにお客様に質問します。**お客様は質問されると不思議に答えてくれます。**

営業マンは、お客様に答えていただいた内容にしっかり共感をして、また質問します。そうすると、お客様がまた答えてくれるので、営業マンはしっかり共感して、さらに質問をします。

このようにしている間に、営業マンもお客様も、お互いに気さくに話しあえるようになるのです。**質問型営業はお客様と話しやすいコミュニケーションの土台を作り、お客様の欲求・ニーズを引き出す**のです。

これは飛び込みであっても同じです。

説明型営業マンはすぐさま説明に入ろうとしますが、質問型営業マンはお客様に対して、すぐに質問をして、コミュニケーションに入ろうとするのです。

ここが Point

まず質問でコミュニケーション

質問型「お子様の勉強については気にされますか?」

説明型「実は、多くの親御さんが困っているのが、お子さんの勉強グセというものなんです。それが…」

説明型営業マンは、すべての人に説明して関心を引こうとする。
質問型営業マンは、質問で関心を持っている人を探す。

説明型営業マンと質問型営業マンの大きな違いが、ここです。

説明型営業マンは説明が主体です。説明によってお客様の関心を引くのです。お客様の返事がどうであろうと説明を始め、関心を引いてアポイントを取ろうとするのです。

先の例(65ページ)で言うと、お客様が「別にそういうのはいいのですけど」と言っているにもかかわらず、営業マンが「お子様の成績が上がるんです。実は、多くの親御さんが困っているのが、お子さんの勉強グセというものなんです。それが……」と、話し続けて関心を引こうとします。これは逆風の中を進もうとするようなもので、非常にエネルギーがいるのです。

かたや質問型営業マンは、説明型営業マンとはまったく逆です。**「関心を引く」のではなく、「関心のある人を探す」「そのことを考えている人を探す」という考え方**です。

先ほどの例でいきますと、営業マンが**「お子様の勉強については気にされますか？」**と質問しているところです。質問によって、お客様が自分の子供の勉強についてどれぐらい気にしているかを調べるのです。関心度合いによって、話を進めるかどうかを決めるわけです。

お客様の関心度合いによって、ＡＢＣのランク付けを行います。

たとえば、Ａランクのお客様は、関心を持っている人です。このお客様にはアポイントを取って、さっそく話をするようにします。

Ｂランクのお客様は、関心はあるが今すぐではなく、今後考えたいという人です。このお客様は、アポが取れなくても近くに行った際に寄って、挨拶とともに近況などを聞くようにします。

Cランクの人は、関心はあるが時期は決まっていない人です。このお客様には、状況をお聞きし、再度その時期に電話してみます。このようなランク分けをして、今後の対応を決めていくのです。

「関心を引く」のか、「関心のある人を探す」のかは、説明型営業マンと質問型営業マンの最も大きな違いと言えるでしょう。

前者は関心を引き、お客様を動かそうとしますが、後者は関心を持っている人を探し、自ら動いてもらうという考え方です。

第1章の「⑤クロージングに向けた行動」（38ページ）の文章も再度読み返してみてください。

ここが
Point

「関心のある人」を質問で見きわめる

❸ アポイントの入り方

質問型「お時間、少しだけ大丈夫ですか？」
説明型「実は…」

説明型営業マンは、お客様の「時間を奪おう」とする。質問型営業マンは、お客様の「時間をいただく許可を得よう」とする。

「関心を引く」のか、「関心のある人を探す」のかは、大きな違いになります。

説明型営業マンは「関心を引く」ために説明しようとします。したがって、一刻も早く説明に入らないといけないのです。そこで、挨拶もそこそこに「実は……」と言って、説明に入ろうとします。

質問型営業マンは「関心のある人を探す」という考え方ですから、**関心の有無を調べるためには、こちらの質問にしっかり答えてもらわないといけません。**そのためには、お客様に落ちついてこちらの話に耳を傾けてもらわないといけないのです。ですから、**「お時間、少しだけ大丈夫ですか？」**と質問して、お客様の時間を確保するのです。

結果として、説明型営業マンはお客様の時間を奪ってでも説明を聞いてもらおうとしますが、**質問型営業マンはお客様に質問について考えてもらうために時間をいただく許可を得る**ということです。

ただ、質問型営業の時間の許可を得る質問は、電話の場合と飛び込みの場合は、多少状況が変わります。どちらかと言うと、飛び込みの場合は面前でお会いできていますので、この言葉は言いやすいでしょう。

電話の場合、紹介で電話をする場合は、堂々とこの言葉から入ればいいでしょうが、まったく初めてのお客様に対しては、「お時間、少しだけ大丈夫ですか？」と、謙虚に素早く言うことです。

また、お客様が明らかに忙しそうにしている場合などは、この言葉を省いて、次の質問に入るといいでしょう。先の例では、「失礼ですが、お子様はいらっしゃいますか？」という本題に続く質問です。

次の質問に答えてくれた場合は、「多少時間はいい」と判断できますし、「時間がない」場合は「今は忙しいので」と言って切られることになります。
どちらにしても、質問型営業の場合は、どこまでも「関心のある人を探す」という観点でアポイントを取るわけですから、精神的にも楽になるのです。

ここがPoint
質問に答えてもらう「時間」をいただく

❹ アポイントでの話し方

質問型「やさしく温かく接して、話してもらおうとする」

説明型「インパクトを与えて、話を聞かせようとする」

説明型営業マンは、相手に「インパクトを与えよう」とする。質問型営業マンは、相手に「やさしく温かく接しよう」とする。

説明型営業マンは、説明を聞いてもらわないといけませんので、とにかく関心を引くことに集中します。

電話ではトークが重要です。飛び込みではそれに加えて、注目を引くための姿勢や身振り、そしてビジュアルの資料などにインパクトを持たせようとします。

私は、説明型営業を中心に行っていた時期があります。今から30年前の約10年間はこの説明型営業を行っていました。そのときは、お客様の関心を引き、話を聞いてもらうことばかり考えていました。

飛び込みでは、会社への入り方、お辞儀、挨拶、名刺交換、発声、座り方などを整えました。

常にそれなりの人物として、お客様の関心を引くような振る舞いができるように訓練しました。

このようなことが良かったのか、説明型営業マンとして、当時所属していた業界で、常に全国でベスト5に入る成績で5年間の累計ではナンバー1の成績を収めました。

このときに私が行ったのは、「営業マン」としてではなく、「その分野の専門家」として訪問することです。堂々と、それなりの人物として訪問するのです。

よく「営業マンは明るく、元気！」というのが、定石のように思われています。これはまったく効果がありません。

営業=物売りというイメージが強いからです。営業=アドバイザー、コンサルタントとしてのイメージを持たないと、とくに今のお客様は話を聞いてくれないのです。

この姿勢は質問型営業になっても役立っています。

ただ、それは話を始めるまでです。

営業は、お客様の欲求・ニーズを知らなければなりません。そのためには、お客様に話してもらわないといけないのです。

質問型営業マンはこのことをよくわかっていて、**「やさしく温かく」**お客様に接します。

誰でも「やさしく」接せられたら嬉しいものです。「温かく」されたらつい話してしまうでしょう。

ですから、そのような姿勢でお客様に接するのです。

ここが Point

話してもらうため「やさしく温かく」接する

❺アポイントの取り方

質問型「（お客様が関心を示さなければ）そうなんですね。今はどのようなことに、関心をお持ちですか？」

説明型「…お客様、お会いしたときに△△というものを差し上げます。…お客様、さらに…」

説明型営業マンは、しゃべり続ける。質問型営業マンは、質問し、相手の反応を待つ。

説明型営業マンは、説明によって関心を引き、インパクトを与えてアポイントを取ろうとします。

大事なのは、関心を引くこと、インパクトを与えることです。

説明型営業では、説明をし続け、お客様の反応があるところまで何とかたどり着かないといけないのです。

説明型「お客様、今回はお子様に役立つ学習塾の情報がありますので一度お会いしたいのですが」
お客様「学習塾はあまり関心がないですね」
説明型「お客様、お会いしたときに『お子様の勉強グセをつける』という人気の冊子を差し上げますよ」
お客様「それもいらないね」
説明型「お客様、さらにですね、今回は特別のキャンペーンとして、私どもの無料見学会チケットも差し上げることになっています」
お客様「私はいいですよ」

説明型営業マンは絶え間なくしゃべり続けます。そして、お客様の興味を引くところを見つけ、重点的に説明しようとするのですが、興味を引くポイントがないと空回りしてしまうのです。

説明型営業マンが行っているのは説得です。したがって、営業マンの大半がしゃべり続けるのです。

質問型営業マンにとって必要なのは、**お客様の納得**です。お客様自身が自分で納得し、会っていただくことなのです。営業マンは常にお客様が納得しているかどうかを見きわめることが重要です。

質問型「お客様、今回はお子様に役立つ学習塾の情報がありますので一度お会いしたいのですが」
お客様「学習塾はあまり関心がないですね」
質問型「そうなんですね。**今はどのようなことに、関心をお持ちですか？**」
お客様「どちらかというと、子供がどのようなことをしたいかですね」
質問型「なるほど。**それはどういうことですか？**」
お客様「好きなことを子供のうちから見つけて、それをさせてやるほうがいいと思いましてね」
質問型「なるほど、**お父様はお子様のことを本当に大事に考えておられるのですね。お子様は幸せですよ**。実は私どもでも進路指導と言いまして、お子様の将来について明確にする部門があります。**よければ、そのご案内もかねてお伺いしたいのですが**」
お客様「そうですか。それなら、多少ならいいですが」

質問型営業マンは常に質問し、お客様がどのようなことを思っているか、どこに関心を持っているかを尋ねます。返答に多少の時間がかかったとしても、質問型営業マンはじっと、何も言わずに待つこともするのです。

その中で、自社の商品・サービスがお客様の思いをかなえる方向で役立つことができるように関連付け、アポイント取りを行います。

質問型営業マンは、お客様の思い・考えを知り、役立つ提案ができたときに、納得した面会が取れるということをわかっているのです。

ここがPoint

お客様の「納得」を得てアポを取る

❻ アポイント日時の決め方の違い

質問型「お役に立つと思うので、一度お伺いしたいのですが、お時間はとれますか？」

説明型「必ずお役に立つお話ができます。一度お伺いしたいのですが、○月○日○時と、△月△日△時ではどちらがよろしいですか？」

説明型営業マンは、すぐに日時を具体的に指定する。質問型営業マンは、質問し、反応を待ちながら進める。

説明型営業マンにとって、お客様に商品・サービスの説明を行うための面会の取りつけは最も重要です。うまくいけば、面会から商品・サービスの説明であるプレゼンテーションまで一気に行うこともできるからです。

したがって、説明型営業マンはどんな形でも、日時までしっかりと押さえたアポイントを取ろうとします。

でも、納得のいかないアポイントにお客様は許可を与えませんので、時間を指定したアポイントは、なかなか取れないのです。

結果、アポイントを取る作業に一日の時間の大半を費やすことになるのです。

説明型「お客様、必ずお役に立つお話ができます。一度お伺いしたいのですが、○月○日○時と、△月△日△時ではどちらがよろしいですか？」

お客様「さっきもお話ししたように、あまり関心がないので……」

説明型「少しのお時間でけっこうです。必ず喜んでいただける話ですので」

お客様「いや、いいですよ」

説明型「では、５分だけでけっこうです。○月○日○時と、△月△日△時ではどちらがいらっしゃいますか？」

お客様「○日のほうがいるね」

説明型「わかりました。では○月○日○時で、よろしくお願いいたします」

アポイントを取っても、いざ、お客様のところに行くと、お客様が話を聞く状況ではなかったり、お客様自身がいない場合もあります。

結果として、非常に効率の悪い仕事になるのです。

問題は、どんな形でもいいからとりあえずアポイントを取って、説明をする状況を作ろうとするところにあるのです。

一方で、質問型営業マンにとっては、アポイントはそれほど重要視しません。アポイントを取ることよりも、商品・サービスの分野に関心を持ったお客様を探すことのほうが重要だとわかっているからです。

もし、関心を持っているお客様にアポイントを取ることができれば、お客様のところに出向いたときに、話を聞く状況ではないとか、お客様がいない、というようなことはありません。

質問型「お役に立つと思うので、**一度お伺いしたいのですが、お時間はとれますか？**」
お客様「とれないことはないけど、でも、本当に役立つのかね」
質問型「お客様は**今までのお話で、どのように感じられましたか？**」
お客様「多少、参考にはなるかなと思う程度だけど」
質問型「そう思っていただけたら、十分ではないですか。お時間も30分ぐらいです」

お客様「まあ、それぐらいならね」
質問型「では、○月○日○時と、△月△日△時ではどちらがよろしいですか?」

このように、お客様に納得を持って会っていただけるアポイントが取れるのは質問型のコミュニケーションだからこそです。
アポイントが取れない場合は、次の項目をご覧ください。

ここがPoint

アポより関心を持ってもらうことが重要

❼ アポイントを断られたときの対応

質問型「そちらの方面にお伺いするときがあります。その際にご挨拶にお伺いするというのであれば、だめですか？」

説明型「では、５分だけでけっこうです。○月○日○時と、△月△日△時ではどちらがいらっしゃいますか？」

説明型営業マンはとにかくアポイントを取ることを目標とする。
質問型営業マンは、会えることを目標とする。

説明型営業マンは、とにかく「アポを取ること」を目標としています。ですから、前項のように、お客様に「いや、いいです」と断られたとしても、「では、５分だけでけっこうです。○月○日○時と、△月△日△時ではどちらがいらっしゃいますか？」と粘るのです。会って説明さえすれば何とかなると思っているからです。

説明こそがお客様にアピールするものであり、「関心を引ける」と思っているからです。

これに対し、質問型営業マンは「会えること」を目標とします。これは「関心のある人を探す」という考えからです。

自社の提供する分野に対して、関心を持っている人に面会することが重要だからです。お客様はＡＢＣのランク分けをして、欲求・ニーズの高い人に対して提案します（69ページ）。欲求・ニーズの低い人には、状況を確かめ、タイミングをはかるようにします。

提供するサービスを説明するためのアポイントというよりも、**会ってお客様の欲求・ニーズのレベルをまず確かめるためのアポイント**です。ですから、無理なアポを取ることはせず、次のようなアポイントを取ります。

質問型「では、○月○日○時と、△月△日△時ではどちらがよろしいですか？」
お客様「具体的に時間を言われてもね。はっきりしないんだよ」
質問型「わかりました。**では、そちらの方面にお伺いするときがあります。その際にご挨拶にお伺いするというのであれば、だめですか？**」
お客様「まあ、それぐらいならいいですけど」

質問型「ありがとうございます。では、**比較的いらっしゃる日は、平日ですか？ 土日ですか？**」
お客様「やはり、土日だね」
質問型「わかりました。あと、**お時間は、午前と午後ではどうですか？**」
お客様「午前中だね」
質問型「了解しました。では、土日の午前中でそちらに行った際に、もし、お客様がいらっしゃいましたら、ご挨拶をさせていただきますね」
お客様「わかりました」
質問型「それではよろしくお願いします。お会いできること楽しみにしています」

ここが Point

無理に会おうとしない

質問型営業マンは、まずお客様に気軽に会ってもらうことを考えます。それはとりもなおさず「関心を見きわめる」ことにほかならないのです。

質問型「アポイントで、お役立ちを考えている」

説明型「アポイントで、売上げを考えている」

説明型営業マンは、アポイントを取ったら「売上げ」を考える。
質問型営業マンは、お客様の「お役立ち」を考える。

アポイント取りにおいて、説明型営業マンは説明を聞いてもらえる人を探すのです。

説明型営業マンにとって、自分の説明で関心を引き、商品・サービスを売ることが最も重要です。

説明型営業マンは、このような思考パターンで仕事をしているため、アポイントが取れた時点で売れるか売れないかと考えるのです。

質問型営業マンのアポイントの作業は、関心を持っている人を探すのです。これを見きわめるためにお客様に対して、電話でも質問を活用します。

質問型営業マンにとって重要なのは、お客様が自分のサービスに関心を持っているか持っていないかです。それは、とりもなおさず、自分がお客様に役立つことができるかどうかなのです。

この思考パターンで仕事をしていると、ますますお客様へのお役立ちを考えるようになるのです。

説明型営業マンにとっては、「売る」ことが終着点になり、質問型営業マンにとっては「役立つ」ことが終着点になります。

目指している地点の違いが、営業という観点ではあらゆることを変えていきます。

この章ではアポイントの取り方が違ってくることを説明しましたが、実は、この後のプレゼンテーションやクロージング、そして、フォローアップにおいてもまったく違ってくるのです。

質問型営業マンは「役立つ」ことが目標ですから、アポイント取りだけでなく、営業活動の全般において展開されます。

最も重要なのが「フォローアップ」（第6章）です。

フォローアップは、お客様が商品のメリットを得ていただいているか、価値を感じていただいているかどうかの確認でもあります。

そのような意味においてもフォローアップに力を抜くことがありません。当然、お客様は営業マンに感謝をします。質問型営業マンはお客様の感謝をいつも感じ、自分の仕事にますます喜びと信念を持つようになるのです。

お客様も、営業マンにお返しをしたくなり、営業マンの要請などに応えて紹介を行ってくれるのです。

この営業の違いは、単に営業のやり方だけでなく、営業マンの仕事が繁栄するかどうか、会社が繁栄するかどうかの鍵を握っていると言っても過言ではないのです。

ここがPoint

まず「役立つ」ことが大事

第3章

「アプローチ」で質問から入ると、お客様のことがよくわかる！

❶ 質問型営業（以下、質問型）「お客様のお役に立ちたいと思っています」

説明型営業（以下、説明型）「私どものご提案はお役に立つと思います」

説明型営業マンは、自分が前のめりになる。質問型営業マンは、お客様を前のめりにする。

アプローチとは、日本語にすると「接近すること」です。営業マンが電話や飛び込みで面会のアポイントを取って、実際に面会を行うことです。

説明型営業のアプローチでは、説明を聞いてもらうことが最大の目的です。説明さえ聞いてもらえれば、関心を引き、欲求・ニーズの解決に対して役に立つことを感じてくれる、と思っているからです。

したがって、どうしても早く説明を聞いてもらえるような態勢を作ろうとするのです。

次のような感じです。

説明型「お客様、本日はお時間ありがとうございます。場所はこちらでよろしいでしょうか？」
お客様「はい、結構です」
説明型「お電話では失礼いたしました。お電話でも多少お話しさせていただきましたが、私どものご提案は多くの方に喜んでいただいていますので、お客様にも、きっと喜んでいただけると思っています」
お客様「そうですか」
説明型「とくに、今日の私どものご提案はお役に立つものと確信しています」
お客様「そうですか」
説明型「では、さっそくご説明に入らせていただきますね」

説明型営業マンは、説明こそがお客様の関心を引き、役立つものだと思っていますので、説明に価値を持たせようとして、「自分自身が前のめり」になってしまうのです。

質問型営業では、お客様の欲求・ニーズの解決策として、商品・サービスを提案します。**まずは、お客様の欲求・ニーズを聞かせてもらうことを主体に考えます**ので、最初のアプローチが違います。

質問型「お客様、本日はお時間ありがとうございます。場所はこちらでよろしいでしょうか？」
お客様「はい、結構です」
質問型「お電話では失礼いたしました。お電話でも多少お話しさせていただきましたが、私どものご提案は多くの方に喜んでいただいていますが、**大事なことはお客様にとって役立つかどうかだと思っています**」
お客様「それはそうですね」
質問型「ですから、**まずお客様のことを少し聞かせていただきたいのですが、よろしいでしょうか？**」
お客様「いいですよ」
質問型「ありがとうございます。ところで、**今日はなぜ、お会いいただいたのですか？**」

このように言うと、お客様は「売り込み一辺倒ではなく、まず私のことを聞いてくれるのだ」ということを感じます。その状況だけでも、お客様の姿勢は少し前のめりになっているといえるでしょう。

説明型営業マンは、「私どものご提案がお役に立つと思います」と、すぐさま自分の説明を聞いてもらおうとしますが、**質問型営業マンは「お客様のお役に立ちたいと思っています」と言い、お客様のことを聞かせてもらおうとする**のです。ここに両者の大きな違いがあるのです。

第1章の「④何を提案するのか」（33ページ）も参考にしてください。

ここがPoint

お客様のことから聞いていく

❷アプローチの入り方②

質問型「ところで、今日はなぜ、お会いいただいたのですか?」

説明型「では、さっそくご説明に入らせていただきますね」

説明型営業マンは、早く商品の説明に入ろうとする。質問型営業マンは、面会してくれた動機をあえて尋ねる。

説明型営業マンは、説明こそがお客様にとって価値あるものであり、役立つものであると思っていますし、そのように入るように教育もされています。

ですから、お客様がどのような返事をしても、「では、さっそくご説明に入らせていただきますね」と、説明に入っていくのです(93ページ)。

これは大きな間違いです。この情報化時代には、お客様自身もいろいろと調べているものです。ですから、むしろ説明を聞かせてもらうよりも、自分自身の欲求・ニーズの実現方法、問題や課題の解決が重要なのです。

質問型営業マンは、お客様のことを聞かせていただき、欲求・ニーズを引き出し、実現や解決のために役立とうとするのです。

極端に言えば、**自分の商品・サービスがお客様に役立たなければ、ほかのものを紹介するぐらいの気持ちを持っているの**です。最初の言葉は次のようになります。

質問型「ありがとうございます。**ところで、今日はなぜ、お会いいただいたのですか？**」

お客様「あなたが子供の将来に役立つと言ったからね」（教育に役立つかもしれないと思ってね）

質問型「なるほど。それならお役に立つと思いますよ」

お客様が営業に会ってくれるのには理由があります。

その気持ちが強かろうが、弱かろうが何らかの理由があり、動機があるのです。

これが非常に重要です。**営業マンが会ってほしいと言ったから会ったのではなく、お客様の中に何かの理由があり、会っているのだとわかる**のです。この理由がわかったときに、営業マンは「お客様のお役に立とう」という気持ちになるのです。
質問に対して、理由や動機を素直に答えてくれない場合もあります。そのときは、謙虚に以下のように具体的に聞けばいいのです。

質問型「ありがとうございます。ところで、今日はなぜ、お会いいただいたのですか？」
お客様「営業マンの君が熱心だからだね」（まあ、たまたま時間が空いていたからね）
質問型「ありがとうございます。ただ、**本当に必要なかったら、会ってはもらえなかったのではと思うのですが、何か理由がありましたか？**」
お客様「それはそうですね。実は……」

躊躇することなく、質問すれば答えてくれるものです。資料などを送っているときには「資料の中身で何か気にかかるものがありましたか？」と聞けばいいのです。
説明型営業マンは営業マンとして対応し、質問型営業マンはアドバイザーやコンサルタントとして対応します。その結果、両者には大きな違いが出るのです。

ここがPoint
会ってくれた理由がお役立ちの動機となる

❸アプローチの入り方③

質問型「ところで、お客様の会社はどのようなことをされているのですか？」

説明型「では、まず私達の会社について説明させてください」

説明型営業マンは、自社のことをまず話す。質問型営業マンは、まずお客様のことを聞く。

説明型営業では、最初の挨拶をして、今日来た目的を伝えました。

次に、多少なりともお客様のことを聞きます。お客様の会社や個人的なことも会話の一環として聞きますが、説明型営業マンにとっては、いくら聞いても、これから説明する内容にはあまり関係がないのです。

お客様のことは、「多少空気を和《なご》ませられればいいかな」という気持ちで聞くのです。

自分が説明する内容に価値があるわけで、説明をしていく中で、お客様が自分の現状に当てはめて、重要性を感じてくれると思っているからです。

説明型営業マンにとって、価値を持たせるべきものは、自分の説明ということになります。

説明型「では、まず私達の会社について説明させてください。そして、次にお客様のことを聞かせていただき、この商品・サービスがお客様にどのように役立つかをお話ししますね」

お客様「わかりました」

「次にお客様のことを聞かせていただき……」と言っていますが、説明型営業マンにとっては、商品・サービスを説明するために一応聞かせていただくという位置付けで、あくまでも説明がメインなのです。

質問型営業マンにとっては、まったく違います。

お客様の会社のことや個人的なことを聞くことこそ、重要なことなのです。

そうした話の中からお客様の欲求・ニーズが引き出されるからです。

質問型「ところで、**お客様の会社はどのようなことをされているのですか？**」
お客様「印刷関係の仕事をしています」
質問型「そうなんですね。**具体的にはどういうことをやっておられるのですか？**」
お客様「実は……」
質問型「なるほど。しっかりやっておられるのですね。**会社は設立して何年になるのですか？**」

このように会社のことから、個人的なことなどまで質問します。会社の歴史や個人的なことを聞くことで、ほかの人も知らないようなことまで聞けると、営業マンはますますお客様に親しみがわいてくるのです。

お客様も営業マンに自分のことを話すことで、親しみがわき、より自分や会社のことをオープンに話すことができるようになります。

営業マンも話の合間《あいま》に自分のことを話して、自分自身もオープンになります。

このような会話で、非常に短時間にお互いが親しみを持つようになると、本音で話ができるようになります。
そうすると、お客様自身が欲求・ニーズに対して、さらに真剣に考え、話をしてくれるようになるのです。

ここがPoint

親近感を持ってもらう

❹アプローチで聞くこと

質問型「お客様は、どのようなことをお望みですか？」

説明型「多くのお客様から、日常をもっと楽しみたいという意見を聞きます」

説明型営業マンは、欲求・ニーズを植えつける。質問型営業マンは、欲求・ニーズを引き出す。

説明型営業マンは説明が中心ですから、お客様に対して、「〜のようなことがある」「〜のような意見を多く聞く」「〜のようにしたいと言われる方が多い」などと、ほかの人の例を出して目の前のお客様に欲求・ニーズを植えつけます。

説明型「多くのお客様から、日常をもっと楽しみたいという意見を聞きます。お客様もそうだと思いませんか」

お客様「はあ」
説明型「そうなんです。それこそが多くのお客様の望みであり、それを解決しようと、私どもで開発して作ったのが、今回の商品なのです」
お客様「はあ」

完全に自分の世界で話をしていて、お客様のことはまったく聞いていません。

むしろ、お客様にいろいろ話してもらって、マイナスの意見が出てくると話がややこしくなるので、聞かないぐらいなのです。

これでは契約に進んでいかないのも当然です。

質問型営業マンは、まったく違います。お客様の欲求・ニーズが重要であるとわかっているので、そこに焦点を絞って、お客様に直接質問をするのです。

質問型「お客様は**どのようなことをお望みですか？**」
お客様「私は、日常をもっと楽しみたいと思っています」
質問型「そうなんですね。**どのように楽しみたいと思っておられるのですか？**」

お客様「家族との時間をもっと作りたいですね」
質問型「なるほど。**ご家族と何かやりたいことはあるのですか？**」
お客様「実は……」

お客様自身に焦点を当てて、お客様のことを聞いていきます。多くの他人の意見などはいらないのです。**大事なことは、お客様の欲求・ニーズ**であり、そのための解決方法なのです。

お客様の欲求・ニーズ、課題の解決のために営業マンは訪問をしたのです。

ここが Point

お客様が「望んでいること」を聞いていく

❺アプローチで次に聞くこと

質問型「何が問題なのですか？」

説明型「問題は…ということなのです」

説明型営業マンは、答えを教える。質問型営業マンは、答えを導き出させる。

説明型営業マンは、お客様に欲求やニーズを植えつけようとします。次に、その欲求・ニーズが実現しない理由、実現させる方法を教えるのです。

説明型「お客様で社長様のような多くの方が、日常をもっと楽しみたいと思っていることはお伝えしましたが、これが実現しない理由は、忙しいことが問題なのです。この解決策は、後継者を育てることしかないのです」（**答えを教える**）

お客様「まあ、それはありますね」
説明型「そうなんです。そこで、私どもの研修に『後継者育成研修』というものを企画しました。後継者に必要なことを指導しているのです。とくに、中身で特筆すべきなのが……」
お客様「そうですか」

確かに言われることはわかるのですが、説得されている感じがします。お客様が思っていたり、考えていそうなことを営業マンが先回りして言っているからです。

「確かにそうなんだけど、何か誘導されている気がする」「言われていることはわかるし、理屈でもその通りだとわかるが、どうも従う気になれない」

という感じなのです。

説明型営業マンは、もうひと押しとばかり、一所懸命説明するのですが、結局、気持ちを変えることはできません。これが、説明型営業の大きな問題なのです。

「感動」という言葉があります。**人は感じれば、動くのです。**

これに対して、「理動」という言葉はありません。人は理屈がわかっても、動かないのです。

理屈とは、物事の筋道や道理（正しい道筋、人として正しい道）です。営業マンに正しいことを言われても、従いたくないのです。お客様は自分で考えて、決めたいのです。

質問型営業マンにとって重要なのは、お客様の感覚です。お客様が思い、考え、自分で答えを導き出すことです。そのお客様の答えに役立つことがわかれば、営業マンは初めて自社の商品・サービスの提案を行うのです。

質問型「**お客様はご家族と何かやりたいことはあるのですか？**」（**欲求**）
お客様「実は、ゆっくりと家族で海外旅行でもしたいと思いましてね」
質問型「いいですね。**では、今現在はどのような状況ですか？**」（**状況**）
お客様「それが仕事が忙しくて、それどころではないんです。私の代わりをする人がいなくてね」
質問型「そうなんですね。では、**何が課題なのですか？**」（**課題**）
お客様「やはり、私の代わりの仕事ができる人を育てることですね」
質問型「なるほど。**そのために何かやっておられるのですか？**」（**解決策**）
お客様「候補はいるのですが、それができなくてね」

質問型「なるほど。では、その後継者育成を何とかしたいですね。**その方法があればいいですね**」**（欲求の再確認）**
お客様「そらそうですよ」
質問型「実は、**それができる方法を私ども持っているのです**」**（提案）**
お客様「そうなんですか」
質問型「私どもの研修の中に『後継者育成研修』というものがありまして、後継者を指導しているのです。とくに、この中身ですが……」

お客様の欲求・ニーズに対して、状況がどのようで、何が課題で、どのようなことをやってきたのか、本当に何とかしたいのか、お客様に考えてもらうのです。そして、お客様自らどうすればいいのか、の答えを導き出してもらうのです。

そのうえで、自社の商品・サービスが役立つならば、提案します。質問型営業マンにとっての立ち位置は、営業マンではなく、お客様のアドバイザーやコンサルタントなのです。

ここがPoint

答えを教えるのではなく導き出す

❻アプローチのまとめ

質問型「お話、聞いてみられませんか？」

説明型「お話、ぜひ聞いてください」

説明型営業マンは、最終でお客様にお願いする。質問型営業マンは、お客様の気持ちを聞く。

説明型営業マンもお客様のためを思って商品案内をしています。事実、私も説明型営業マンの頃は、そう思って、やっていました。しかし、やり方は「お客様に教える」というものでした。お客様は「なるほど」と思ってくれますが、あと一歩が足りないのです。

そこで、「プレゼンテーションをして商品・サービスの具体的説明さえ聞いてもらえば、きっとわかってくれる」「採用してくれる」という気持ちで、何とかしてプレゼンテーションに持ち込もうとするわけです。

ところが、お客様には、もうひとつぴんとこないのです。

説明型「お客様、よければ、具体的に私どもの商品・サービスの内容について聞いていただければ、お役に立つと思います。お時間はございますか？」
お客様「まあ、なくはないですが」
説明型「でしたら、ぜひ、一度、聞いてみてください。必ず役立ちますので」
お客様「そうですね」
説明型「ぜひ、お願いします」

などとなってしまうのです。

このような状態で、プレゼンテーションができたとしても、お客様のほうは、「営業マンがお願いするから時間をとった」「まあ、一応聞いてみようと思って」などと、聞く動機が極めて弱いものになります。

どこか他人事で、これではお客様のためになるいいプレゼンテーションにはなりません。

かたや質問型営業マンは、お客様の欲求・ニーズから始まって、お客様に考えてもらいながら、どうすればいいかという答えのところまで導き出します。
その答えに役立つ商品・サービスがあれば、当然、お客様も興味・関心を持ちます。

質問型「お客様、お客様のお役に立つと思う私どもの商品・サービスのお話、聞きたくないですか?」
お客様「そうですね。興味ありますね」
質問型「では、よろしければ、このお話、聞いてみられませんか?」
お客様「いいですか。では、お願いします」

質問型営業の場合は、お客様が「お願いします」と言うようになるのです。お客様の気持ちを聞きながら、考え、答えてもらいながら進めていくからです。
説明型営業と質問型営業では、この後のプレゼンテーションのあり方が大きく変わるのです。次章で、プレゼンテーションの方法を紹介していきましょう。

ここがPoint
お客様に「お願いします」と言ってもらう

第4章

質問することで「プレゼンテーション」に心地よいハーモニーが生まれる！

❶ プレゼンテーションの入り口①

質問型営業（以下、質問型）**「お客様、本日はお時間をとっていただき、ありがとうございます」**

「ところで、今日はなぜ、このお話を聞いてみようと思われたのですか？」

説明型営業（以下、説明型）「お客様、本日はお時間をとっていただき、ありがとうございます」

「お忙しいと思いますので、さっそく、お話しさせていただきますね」

説明型営業マンは、時間をとってくれたことに感謝して終わる、
質問型営業マンは、時間をとった理由を聞く。

説明型営業マンにとって、プレゼンテーションは、自分の本領が発揮できる舞台です。「説明さえ聞いてくれれば、きっとお客様は採用いただけるに違いない」と思っています。

このチャンスをいただけたことをとても嬉しく思っています。そのため説明型営業マンの口から、感謝の言葉が自然と出てくるのです。

説明型「お客様、本日はお時間をとっていただき、ありがとうございます」
お客様「いや、いいですよ」
説明型「お忙しいと思いますので、さっそく、お話しさせていただきますね」
お客様「はい」

ある意味、お客様が時間をとってくれたことに感謝を述べるのは当然であり、礼儀であると思われるでしょう。

ところが、大きな落とし穴があるのです。

感謝を述べるということは、営業マンのためにお客様が時間をとってくれたことに感謝をするということです。

営業マンのために、お客様が時間をとってくれたのです。これでは、お客様のために役立つプレゼンテーションができるはずはないのです。

なぜなら、お客様自身が話を聞きたいという気持ちが弱いからです。

このことを質問型営業マンはよく知っています。質問型営業マンは、プレゼンテーションはどこまでもお客様のためにするのだ、と理解しています。

質問型「お客様、本日はお時間をとっていただき、ありがとうございます」
お客様「いや、いいですよ」
質問型「ところで、**今日はなぜ、このお話を聞いてみようと思われたのですか？**」
お客様「いや、先日のお話が非常に気になりましてね」
質問型「そうですか。ありがとうございます。**それはどのようなところですか？**」
お客様「あなたからご質問を受けた『後継者育成』の答えを私がはっきり持っていないということに気がつきましてね」

お客様にプレゼンテーションの時間をとってくれた理由を聞くことにより、お客様に**「自分のためにプレゼンテーションを聞くのだ」という自覚をしっかりと作ることができる**のです。

また、営業マンは、「お客様の問題を解決するために、今からプレゼンテーションをするのだ」という自覚を持つのです。

入り口で、質問型営業マンは、自分自身が、営業マンの立場から、お客様の欲求・ニーズ、問題や課題を解決するためのアドバイザー、コンサルタントの立場に切り替わりますし、お客様もそのように見てくれます。

これによって、プレゼンテーションは完全に質問型営業マンの主導で話が進むようになり、聞くべきことはしっかり聞くようになり、言うべきことはしっかり言えるようになるのです。

ここがPoint

「自分のためのプレゼン」と思ってもらう

❷ プレゼンテーションの入り口②

質問型「前回と同じお話でもけっこうですので、もう一度聞かせてもらえますか?」

説明型「よかったです。では、今日はそのお話を具体的にしていきますね」

説明型営業マンは、前回の感想を聞くだけ。質問型営業マンは、前回の感想を聞きながら、再度話を思い出させる。

1回目の面会がアプローチで、2回目の面会でプレゼンテーションになる場合も多いでしょう(日常使うもので比較的低価格なものは、アプローチからすぐさまプレゼンテーションに入ることもあるでしょう。その場合は、これはなくなります)。

この場合、初回と2回目までに、どれぐらいの日数が開いたのかが重要となります。人間は「忘れる」という習性があります。エビングハウスの忘却曲線という学説がありまして、人間というものは聞いたことを1日後には74%忘れるというデータがあります。

アプローチをして、翌日にお会いしても、お客様は話し合った内容のほとんどを忘れているということになります。

説明型営業マンにとっては、このようなことはまったく関係ありません。今から行うプレゼンテーションの内容がすべてだと思っているからです。

説明型営業マンにとって、前回のお客様との話はプレゼンテーションの時間をとってもらうためだけにあったのです。一応、前回の感想は聞くものの、それだけの話です。「早くプレゼンテーションしたい」という感覚なのです。

説明型「先日のお話にはどんな感想をお持ちですか？」
お客様「多少なりと考えさせられましてね」
説明型「そうですか、良かったです。では、今日はそのお話を具体的にしていきますね」
お客様「はい」

お客様が「多少なりと考えさせられましてね」と言ってくれているにもかかわらず、「どのようなことを考えさせられたのか？」と聞かず、スルーしてすぐに話に入ろうとしてしまうのです。

質問型営業マンにとっては、観点がまったく違います。大事なことはお客様の欲求・ニーズであり、それを実現や解決してあげる手立てを提案することだと理解しています。

前回のアプローチで欲求・ニーズについて話し合い、その実現方法や問題・課題の解決方法について話しましょうということで、今回のプレゼンテーションの時間が実現したのです。

しかし、先ほどのエビングハウスの忘却曲線のように、時間が経つとその多くを忘れてしまいます。それでは、何のために時間を取ってもらったのか、わからないのです。

そこで、質問型営業マンは前回の感想を聞きながら、思い出してもらうようにします。

質問型「先日のお話にはどんな感想をお持ちですか？」
お客様「多少なりと考えさせられましてね」
質問型「そうですか、良かったです。**どのようなことを考えられましたか？**」
お客様「あなたからご質問を受けた『後継者育成』の答えを私がはっきり持っていないということに気がつきましてね」

質問型「なるほど。前回と同じお話でもけっこうですので、**そこのところをもう一度聞かせてもらえますか？**」
お客様「いいですよ。そうですね。先日の……」

「前回と同じお話でけっこうですので」と言ってあげるのです。このような言葉で導いて、再度、話してもらいます。お客様に同じ話をしながら、思い出してもらうわけです。

ここで**重要なのは、「営業マンがお客様の話をまとめない」ということ**です。お客様は自分で話をすることによって、その話の内容の感覚を強めるからです。むしろ、同じ話を再度話すことにより、強まると言えます。

これをわかっている質問型営業マンは、**商品・サービスの説明よりも、むしろこの思い出し作業に力を入れる**のです。

ここがPoint

話の内容を再びお客様自身に話してもらう

質問型「もう一度、お客様の状況と今課題にされていることをお話しいただけますか？」

説明型「もう一度、お客様の状況と今課題にされていることを整理させていただきますね」

説明型営業マンは、自分がまとめる。質問型営業マンは、お客様にまとめてもらう。

これは、前回の感想を聞いた後に、再度お客様の状況から欲求・ニーズを思い出してもらうためのフレーズです。

説明型営業マンは、今回なぜお客様がプレゼンテーションを聞くことになったのかという理由を前回の話の内容をふまえて営業マンが整理して話してしまいます。

何しろ、ポイントは「プレゼンテーション」にあるわけですから、そこに早く入ることのほうが重要だからです。

説明型「あと、先日のお話の内容を確認したいので、もう一度、お客様の状況と今課題にされていることを整理させていただきますね」
お客様「はい」
説明型「先日のお話では、お客様が……。このようなことで間違いはないでしょうか？」
お客様「はい」

説明してから確認し、「このようなことで間違いないでしょうか？　これでいいでしょうか？」と、まとめるだけになってしまいます。

質問型営業マンは、観点がまったく違います。

大事なことは、お客様の欲求・ニーズの実現や、問題・課題の解決なのです。この点が明確になればなるほど、プレゼンテーションにおける説明はポイントが絞られたものになります。

ですから営業マンがまとめるのではなく、お客様に再度しっかりと話してもらうようにするのです。

質問型「**もう一度、先日のお話の内容を確認したいので、お客様の状況と今課題にされていることをお話しいただけますか？**」
お客様「もう一度ですか？　私が話すのですか？」
質問型「はい。できましたらお願いできますか。私のほうでも理解していますが、お客様自身がまとめていただくほうが、よりご自身の理解が深まると思いまして」
お客様「なるほど。いいでしょう」

このように営業マンが言いながら、お客様自身に話してもらいます。自分自身でリピートして話すと、前回よりもまとまり、問題・課題もさらに明確になります。

質問型営業マンはとにかく、ここに時間をかけます。質問型営業マンにとっては、これこそがプレゼンテーションだという感覚を持っているのです。

ここが Point

お客様が課題を話すことでポイントが絞られる

④ プレゼンテーション本編—入り方

質問型「この商品が、お客様の現在の課題にどのように役立つかのポイントを、まずお話ししますね」

説明型「この商品の内容について、順番にお話ししますね」

説明型営業マンは、商品説明に焦点を合わせる。質問型営業マンは、お客様に焦点を合わせる。

待ちに待ったプレゼンテーションの時間です。

説明のロールプレイングを数多く練習している営業マンもいるでしょう。自分の商品の価値を伝えることができる時間です。

説明型営業マンは、商品の概要、内容、お客様のメリットなどについて順番に話そうとします。

ところが、お客様は、商品・サービスが自分にとってどのように役立つかを知りたいのです。

欲求・ニーズをどのように実現してくれるのか、どのように問題・課題を解決してくれるのか、です。

そのため、営業マンとお客様の間に次第にずれが生じてくるのです。

説明型「さて、いよいよ商品の内容ですが、概要、そして内容、さらに商品がお客様にどのようなメリットを与えるかを順番にお話しさせていただきますね」
お客様「はい、はい」
説明型「まず、概要ですが商品群は……。そして、商品の内容は……。商品のお客様に与えるメリットは……」
お客様「あの……」
説明型「何でしょうか？」
お客様「私が解決したいという○○については、どうなんでしょうか？」
説明型「それについては、今から出てきますのでご安心ください。少々お待ちください。それでですね。2番目の商品ですが……」
お客様「……」

このようにお客様不在で、説明型営業マンの話は進んでいくケースが多くなります。あらかじめ決めているストーリー通りに話すことにより、お客様にインパクトを持たせたいと思っている営業マンにとっては、説明の順番を狂わせたくないのです。

私も説明型営業を行っている頃は、よくこのような間違いをしました。

私の場合はビジュアル的な説明本を作り、その通りに説明しようとするのですが、お客様がいろいろと質問をしたり、横道に話がそれたりで、説明本の通りに説明させてくれないのです。

反対にお客様が静かに聞いてくれているときには、さーっと話が進み、うわべだけの話になってしまうのです。

当時、これをどのように解決すればいいのかわからず困りましたが、質問型営業になって一気に問題は解決しました。

質問型営業マンは、まったく違うやり方をします。

質問型営業マンにとって大事なことは、お客様への聞き取りです。どこまで欲求・ニーズを引き出し、問題・課題を明確にできるかが鍵なのです。

ですから、時間の大半をここにかけていくのです。

質問型営業マンはお客様への聞き取りに、面会時間全体の8割ぐらいを使います。商品説明というプレゼンテーションに、残った2割の時間を使うのです。

説明型営業マンはお客様への聞き取りを2割、商品説明というプレゼンテーション以降に時間の8割を使うのです。

質問型「さて、商品の内容ですが、大事なことはお客様の望みを実現するための問題・課題をどのように解決するかということですね」
お客様「はい、その通りです」
質問型「では、**それを今から、お話ししましょう**」
お客様「はい、お願いします」
質問型「カタログのここの部分をご覧いただけますか?」
お客様「はい」

質問型営業では、お客様の欲求・ニーズの実現法、問題・課題の解決法に焦点を合わせ、的確に伝えていくのです。

商品の全体を伝えるとするならば、そこの説明を終えてからです。

質問型営業マンにとって商品説明とは、お客様の欲求・ニーズ、問題・課題のために行うのです。

ここがPoint

お客様に役立つことからまず伝える

❺プレゼンテーション本編――商品説明

質問型「…について、どのように感じられていますか？」

説明型「やはり…ですよね」

説明型営業マンは、自分の意見を押しつける。質問型営業マンは、お客様の意見を大事にする。

商品説明の違いです。

説明型営業マンは、自分なりに商品の特徴とそのお客様へのメリットを説明しようとします。最初からストーリーを持っているのです。ストーリー通りに進めて、インパクトのあるプレゼンテーションにしたいと思っているのです。

お客様には横道にそれないように話を聞いてもらうため、説明型営業マンの質問は、お客様に「ＹＥＳ」をもらう、断定的な質問が多くなります。

説明型「お客様、ご自宅で気になるのは、やはり外観ですよね」
お客様「はい、そうですね」
説明型「やはり壁の色落ちなど気になりますね」
お客様「あ、はい」
説明型「そこで私たちのリフォームは、外観の塗装に力を入れているのです。これをご覧ください」
お客様「はい」

お客様は「はい」としか、言っていません。説明型営業マンにとって、重要なのはお客様の「はい」の言い方のレベルです。どれぐらい納得して言っているかが重要なのです。

質問型営業マンはお客様の意見を重要視します。とくにお客様がどのような気持ちでいるかをしっかりと見きわめます。

質問型「お客様、ご自宅で**気になるのは、どこですか？**」
お客様「やはり、外観ですね」

質問型「なるほど。**それはなぜですか？**」
お客様「そうですね。自分が家に帰ってきたときにまず家の外観が目につきますからね。それに家を訪ねてきてくれた人が見るのもまず外観ですからね」
質問型「なるほどね。では、お客様の家の外観については、**どのように感じられているのですか？**」
お客様「それがですね。実は……」
質問型「なるほど。そこで私たちのリフォームも外観の塗装に力を入れているのです。これをご覧ください」
お客様「はい」

この会話のように、お客様に自由に意見を言ってもらいながら進めていくのです。どこまでもお客様の欲求・ニーズ、問題・課題について回答していくことがプレゼンテーションの目的なのです。

ここが Point

お客様の気持ちを必ず確認する

❻ プレゼンテーションがもたらすもの

質問型「お客様にとって心地よいハーモニーになる」

説明型「自分にとって心地よいハーモニーになる」

説明型営業マンは、自分が気持ちよくなる。質問型営業マンは、お客様を気持ちよくさせる。

説明型営業マンにとっては、プレゼンテーションこそが見せ場です。この説明が価値であり、商品以上のものとも言えるのです。この説明に価値を感じたお客様が、商品を採用すると思っています。

説明型営業マンにとって、お客様が真剣に聞いてくれることほど、嬉しいものはありません。

説明型営業マンは自分の説明に酔ってくる場合もあります。「自分の説明の価値をこのお客様はわかってくれた！」「私はこのお客様になんていい話をできているのだ！」などと思うのです。

説明自体が説明型営業マン自身にとって、心地よいハーモニーとなってしまうのです。

質問型営業マンにとって、大事なのはお客様の欲求・ニーズ、問題・課題です。徹底的に聞きとって、絞り込みます。そして、解決策として提案するのが、商品・サービスなのです。

ですから、お客様にとっては、「その解決法があったのか！」「それを求め、探していたのだ！」という気持ちで商品・サービスの内容を聞きます。そのため、商品・サービスの説明は、お客様にとって心地よいハーモニーとなるのです。

営業マン自身が説明に酔いしれるか、お客様が説明に酔いしれるかは、大きな違いになるのです。

ここがPoint

求めていたものを示して気持ちよくなってもらう

❼ プレゼンテーションの時間配分

質問型「お客様の話を聞く8：営業マンが説明する2」

説明型「お客様の話を聞く2：営業マンが説明する8」

説明型営業マンは、話をしていることが圧倒的に多い。質問型営業マンは、聞いていることが圧倒的に多い。

説明型営業マンは当然、説明が主体です。説明の中に、お客様に感動してもらえるインパクトのある内容が入っていると思っています。

イメージ的には、**「営業マンによる紙芝居」**です。

お客様は、じっとだまって聞いているのですが、そのストーリーに引き込まれ、次第に語り手の世界に入っていきます。これこそが説明型営業マンの目指す世界です。

お客様の話を聞かせてもらうのは、営業マンとお客様が出会った入口ぐらいです。

ここで、少しお客様の話を聞かせてもらい、あとは説明型営業マンの作り上げたシナリオによって話が展開するのです。

結果として、お客様の話を聞かせてもらう時間：営業マンが説明する時間＝２：８の比率になるのです。

質問型営業マンの主体は、お客様の話を聞かせてもらうことです。

お客様の話を聞かせてもらい、お客様の欲求・ニーズや問題・課題はもちろんのこと、なぜそのようなことを望んでいるのかという前提である、お客様の会社や個人のことも聞かせてもらいます。

お客様自身の「考え方」「生き方」の話にまで深めるのです。

このような中で、質問型営業マンはお客様の気持ちになり、「このお客様のお役に立ちたい！」という気持ちがわきあがるのです。

質問型営業のイメージは、**「お客様の紙芝居」**です。

営業マンはうなずきながら話を聞き、お客様のストーリーに引き込まれ、次第にお客様の人生に入り込んでいきます。お客様を応援したいという気持ちになって、**お客様への応援の気持ちで提案をする**のです。これこそが、質問型営業マンの目指す世界です。

結果としては、お客様の話を聞かせてもらう時間：営業マンが説明する時間＝８：２の比率になるのです。

ここがPoint

お客様の話をとことん聞いて応援団になる

第5章

「クロージング」では本当に納得してご契約いただける!

質問型営業（以下、質問型）「今までの話をどのように感じられましたか？」

説明型営業（以下、説明型）「どうですか？」

説明型営業マンは、購入についての意思を確かめる。質問型営業マンは、商品についての感想を聞く。

クロージングは、プレゼンテーションという商品説明が終わり、いよいよ契約に向かう段階です。

クロージングの原則は、「お客様が採用しようという気持ちになったときに、契約へと進めることができる」ということです。

クロージングの原則の前提となるのが、人の行動原則です。これは、第1章でも述べたように、「**人は自分の思った通りにしか動かない**」ということです。

自分自身が、いいと感じたときに、初めて考え、考えがまとまったときに、行動を起こします。**「感じる・思う→考える→行動」という思考の流れの中で、人は行動を起こす**のです。

これがわかっていると、クロージングは極めてわかりやすくなります。

「クロージングをどうすればいいかがわからない」という話を聞きますが、この法則をしっかりと頭に叩き込んでいれば、わかるようになります。

説明型営業マンには、これがわからない人が多いのです。自分が説明をすることばかりで、お客様がどう感じているか、思っているかにあまり注目しないからです。

自分のプレゼンテーションがお客様にとって、インパクトのある印象深いものなのかが大事なのです。

説明型営業マンは、お客様に対してうまくいく場合も、そうでない場合もあるのですが、どちらにしろ説明し終えると一段落します。お客様も説明を聞いているばかりでしたので、一段落します。

このときに、説明型営業マンは言うことがなくなり、「どうですか?」と質問してしまうのです。

説明型「お客様、以上のように、私どもの商品・サービスについて、すべてご説明をさせていただきました」
お客様「そうですね。よくわかりました」
説明型「**どうですか?**」
お客様「えー、そうですね。まだよくわからないので、一度考えさせてもらいたいのですが」
説明型「もちろんかまいませんが、何か、ありますか?」
お客様「ええ、せっかくですから、じっくりと考えたいと思いまして」

結果は、このようになってしまうことも多いのです。

このケースでの間違いは、「どうですか?」という言葉です。

この「どうですか?」という言葉は、営業マンがそれまで熱心に説明していたので、お客様にとっては「採用しますか? しませんか?」というような方向の言葉として聞こえることが多いのです。

これに対して、お客様はまだ自分の中で、どのように使うか、メリットはあるかなど、十分に考えきれていません。「どうですか?」と言われても困ってしまいます。そこで「一度、考えさせてください」と言うのです。説明型営業マンにとっては、説明に一所懸命なので、お客様の気持ちまで考えがまわっていないのです。

質問型営業マンは、クロージングに際しては非常に繊細です。もともと、お客様の気持ちを大事にして、プレゼンテーションを進めているからです。

質問しながら説明する、説明すれば感想を聞く、などして進めていっています。したがって、**プレゼンテーションが終わっても、さらに最終段階での感想を聞く**のです。

質問型「お客様、以上のように、私どもの商品・サービスについて、すべてご説明をさせていただきました」
お客様「そうですね。よくわかりました」
質問型「**どのように感じられますか？**」
お客様「私に役立ちそうだなとは、思いますね」
質問型「ありがとうございます。そう言っていただければ嬉しいです。**どのようなところで、そのように思っていただけましたか？**」
お客様「ええ、とくに日常の健康維持のためには、良さそうですね」

プレゼンテーションの中で、それぞれの段階で感想を聞いたら、今度はクロージング前に全体での感想を聞いてみます。

一番印象深いことなどもあわせて聞くと、お客様がこの商品・サービスについて、どのような印象を持っているかがわかるのです。

質問型営業マンは感想を聞くことにより、お客様の気持ちのレベルを知り、クロージングへと進めていきます。お客様の気持ちを重要視したクロージングができるのです。

ここがPoint

まず全体の印象を確認する

❷クロージングのだめ押し

質問型「良さそうですね」「どのようなところがですか？」

説明型「良さそうですね」「そうでしょう」

説明型営業マンは、お客様の良い感想に喜ぶ。質問型営業マンは、良い感想の理由を聞く。

クロージングで重要なのは、お客様の気持ちです。

なぜなら、クロージングの原則は、「お客様が採用しようという気持ちになったときに、契約へと進めることができる」だからです。

説明型営業マンは、どうもこれがわからない人が多いのです。自分が商品・サービスの説明に集中しているからです。

良い返事をお客様からもらえた場合は、営業マン自身の説明をほめられたような気持ちになり、つい嬉しくなってしまうのです。

お客様「お話を聞かせてもらい、良さそうだと思いました」
説明型「そうでしょう。そういうふうに認めていただければ嬉しいですね。実は、言い忘れていましたが、これには……」
お客様「はい、なるほど」
説明型「あとですね。さらに……」
お客様「……」

ほめてもらって嬉しくなり、言い忘れたことなどを思い出し、さらに話をしていくのです。お客様自身の感想を尋ねられることもなく、営業マンにさらに話をされては、お客様もたまったものではありません。

ちょっとほめようものなら、また、営業マンが話し始めるかもしれないと思い、次第によけいなことは言わないことにしようと、無口になってくるのです。

質問型営業マンはお客様に質問をして、その返事の内容に注目します。

いい返事をもらっても、お客様の真意を聞くために、さらに突っ込んだ質問をするので す。

お客様「お話を聞かせてもらい、良さそうだと思いました」
質問型「ありがとうございます。そういうふうに認めていただければ嬉しいですね。**どこを、そのように思っていただきましたか？**」
お客様「はい、とくに日常に手軽に使えそうなところがいいですね」
質問型「なるほど。**それはどのようにいいですか？**」
お客様「やはり、日常で使えないとね。継続できないと効果がないと思いますのでね」
質問型「お客様、さすがですね。よくわかっておられますね」

お客様の感想や意見をどんどんと引き出すのが、質問型営業マンです。**意見を引き出していくうちに、お客様は自分が「良さそう」と言った言葉の裏付けを自分で話していくようになる**のです。

このようになると、お客様がその商品・サービスの良さを説明して、営業マンがその話を聞かせてもらうという感覚になっていきます。今度は、お客様が営業マンに、商品のプレゼンテーションをするような感覚になるのです。
このような会話で、お客様は商品・サービスについて、良いものを選んだとの確信を持つようになり、営業マンはお客様に採用いただいても間違いなく喜ばれるだろう、という確信を持つのです。

ここがPoint

質問して良いところをどんどん話してもらう

❸クロージングでマイナスの言葉が出たら

質問型「ただ○○がね…」「それはどういうことですか？」

説明型「ただ○○がね…」「それはですね」

説明型営業マンは、お客様の良くない感想を打ち消そうとする。
質問型営業マンは、冷静に対処する。

お客様からマイナスの言葉が出たときは、どうなるでしょうか。
このようなとき、説明型営業マンにとっては商品・サービスの内容だけでなく、それを説明した自分をも否定されたように感じ、思わず反応してしまうのです。

お客様「いいんだけど、ただ本当にできるのかなと思いましてね」
説明型「素直なご意見ありがとうございます。それは、皆さんも言われます。ただ、それはですね……」
お客様「まあ、言われることはわかるけどね」
説明型「そうではないんです。この意味は……」
お客様「……」

反対意見を言われれば反応し、さらに言われれば、また反応して、営業マンはどんどんエキサイトしていきます。

これは先ほどお話ししたように、商品・サービスだけでなく、自分の説明が否定されたように感じるからです。自分の説明がうまくいったと思えば思うほど、この状態となるのです。


質問型営業では、このような反応はありません。

質問型営業マンにとって、反対意見はお客様の質問なのです。

今までアプローチ、プレゼンテーションと質問を繰り返しながら、営業を進めてまいりました。

お客様はある程度は納得をもって進んできているはずです。

そのことをわかっているので、質問型営業マンはここで反対意見が出たとしても、「その部分をもう少し知りたい」という、お客様からのメッセージとして受け止められるのです。

お客様「いいんだけど、ただ本当にできるのかなと思いましてね」
質問型「なるほど。よろしければ、**そのあたりのこと、もう少し具体的に教えていただけますか？**」
お客様「実は、継続できるかなと思いましてね」
質問型「ありがとうございます。お客様がそのように言っていただけるというのは、真剣に考えていただいている証拠ですね」
お客様「ま、そういうことにもなるかな」
質問型「**もう少し、聞かせていただけますか？　どのあたりで継続の心配があるとお思いですか？**」
お客様「私は出張が多いんでね」
質問型「なるほど。そういうことですね。では……」

質問型営業では、お客様の反対意見を質問に切り替えて解決し、安心させてあげることができます。

これは最初のアプローチから質問を繰り返し、お客様のことを真剣に聞いているからこそ、できるのです。

お客様にしてみると、最後のクロージングという重要な場面で、説明型営業マンの場合は、自分の立場や意見を主張して感情的になる、「売りたい」という本音を見せる営業マンに見えてしまうのです。

かたや質問型営業マンの場合は、ますます冷静にお客様の立場になり、一緒に考えてくれる力強い味方に見えるのです。

ここがPoint

反対意見はお客様からの「質問」ととらえる

④クロージング最終段階①

質問型「採用が本当に役立つかですよね」

説明型「絶対に間違いないですよ！」

説明型営業マンは、最終的に説得に入る。質問型営業マンは、最終的にお客様に役立つかを考える。

説明型営業では、商品・サービスの内容を説明して商品の良さやメリットを伝えていくわけです。過激になると、力が入りすぎ、ある意味で「説得」になってきます。とくに、営業マンが説明する内容をお客様が受け入れてくれないと、自分の意見や考えを受け入れてくれていないような気持ちになります。

極端な場合は、それは営業マン自身の存在の否定にもつながるように感じてしまうのです。ですから、ますます力が入るのです。

お客様「いいとは思うんですけどね」
説明型「そうでしょう。きっとお役に立ちますよ」
お客様「もちろん、そうなんだけどね」
説明型「お客様、絶対に間違いないですよ！」
お客様「……」

お客様が迷ったり決断できない部分は、営業マン自身の説明の仕方に問題があったと思い、ますます力が入ります。

質問型営業では、質問によって話を進めてきています。お客様の欲求・ニーズ、問題・課題が解決し、お客様に役立つためにはどうしたらよいかを話しあってきたわけです。常にお客様の納得をもって進めてきたと言えるでしょう。

だからこそ、最終での判断もお客様の納得が重要だとわかっています。クロージングは最終での最も重要な判断ですから、あせって進めず、今まで以上に落ち着いて進めていきます。

お客様「いいとは思うんですけどね」
質問型「ありがとうございます。そう言っていただければ嬉しいです。**何か、引っかかることがあるのですか？**」
お客様「そういうわけではないんですがね」
質問型「大事なのはこの採用がお客様に本当に役立つかですよね。そのために話しあいたいと思っていますので、**何でも言ってください**」
お客様「ありがとうございます」

最終のクロージングまで来たからこそ、**本当の意味でお客様の納得がいると質問型営業マンは思っている**のです。お客様へのお役立ちを考えてこれまで話をしてきたのです。売るためにきたのではなく、役立つためにきたということです。だからこそ質問型営業マンは、どこまでもお客様の立場で考えるのです。

ここがPoint

どこまでも質問してお客様の「お役立ち」を考える

❺ クロージング最終段階②

質問型「考えさせて」「どの部分を考えますか？」

説明型「考えさせて」「今決めないと損しますよ！」

説明型営業マンは、お客様を契約に持っていこうとする。質問型営業マンは、お客様の最善を一緒に考え、アドバイスに徹する。

説明型営業マンは、お客様に説明し、商品・サービスの内容、メリットなどを十分にわかってもらうことが役割だと思っています。

お客様に商品・サービスを採用していただき、喜んでもらうために説明をしているのです。

ですから、説明型営業マンにとっては、「採用してもらう」ということが極めて重要なことなのです。

質問型営業マンも同じようにお客様に商品・サービスを採用してもらいたいと思っています。そのために、お客様の欲求・ニーズは何か？　問題・課題は何か？　を質問し、解決に乗り出すのです。これは「お客様のお役に立とう」という気持ちの表れです。

このお役に立とうという気持ちで質問や話をしている中で、果たして自分の商品・サービスが本当にお客様の欲求・ニーズや問題・課題の解決に役立つのだろうか？　と思ったときには確認をしたくなるのは当然です。

クロージングの時点で、説明型営業マンは「商品・サービスの採用がないと始まらない」と思っているのに対し、質問型営業マンは「商品・サービスの採用もさることながら、お客様のお役に立つことが重要」だと思っています。

説明型営業と質問型営業の考え方の違いによって、お客様から「考えさせて」という言葉を最終でもらったときの返答が大きく変わってくるのです。

〈説明型営業〉
お客様「少し考えさせてもらえますか」
説明型「何かありますか」

お客様「いいとは思うのですが、まだ判断できなくて」
説明型「なるほど。ただ、内容が明らかになった今こそ、一番判断しやすいのではないのですか」
お客様「確かにそうなんですが」
説明型「お客様、今決めないと損しますよ」
お客様「……」
説明型「今回が、お客様がますます健康になるチャンスなんですよ」

〈質問型営業〉
お客様「少し考えさせてもらえますか」
質問型「もちろん、いいですよ。**あとどの部分を考えられるのですか？**」
お客様「いいとは思うのですが、まだ判断できなくて」
質問型「なるほど。**どの部分が判断できないですかね**」
お客様「本当に私に役立つのかと思いましてね」
質問型「なるほど、その部分ですね。まだ、使っていないのですから当然ですね。**今まで**

の話ではどう思われましたか？」
お客様「自分には必要なのかなとは思っているのですが……」
質問型「なるほど。では、このようにしてはいかがでしょうか。まずは無理なく、初級のものをやってみて、良ければ次に行くというのはどう感じられますか？　お客様にとって役立つかどうかをこれで判断いただければと思っていますが」
お客様「それなら、やりやすいですね。無理なくそこから取り組みましょうか」

説明型営業マンと質問型営業マンのどちらも、お客様のために営業をしています。**説明型営業マンは採用してもらうことが重要なことですが、質問型営業マンはお客様に役立つことが重要**なのです。

説明型営業マンとしては、商品・サービスが、人生を変えてもらうぐらいのパワーをもってすすめます。

質問型営業マンにとって重要なことは、お客様の今後に役に立つということです。そのために一歩踏み出してもらうことです。

お客様がいいと思っているなら、やりやすい形で進めてもいいのではと思い、譲歩案を出したのです。

結果が出れば、追加購入もあるでしょう。大事なことはお客様に役立つこと。そのために必要なことを提案してあげることです。

結果としては、説明型営業でも質問型営業でもいいのですが、何を目指して営業をしているかで、営業マンの言葉は大きく変わってくるのです。

ここがPoint

少しでも「お役に立つ」提案をしていく

❻クロージング──契約

質問型「契約に近づくほど冷静になる」

説明型「契約に近づくほど興奮する」

クロージングに向かって説明型営業マンは、興奮する。質問型営業マンは、冷静になる。

説明型営業マンにとっては、「採用」が終着点です。

そこで、クロージングが近づいてくると、無意識に興奮するのです。

自分が今まで説明してきた内容をわかってくれたこと。お客様に思いが通じたこと。商品・サービスの活用者がまた増えること。自分の売上げが上がること……。

そのようなことを感じて、契約が近づけば近づくほど興奮するのです。

お客様「それではやることにしましょうか」
説明型「ありがとうございます。嬉しいです。私も応援しますので、ぜひ、頑張りましょうね。何かあればいつでも言ってください」
お客様「わかりました」

質問型営業マンは、これとはうって変わります。

本当にそれで間違いがないのか？　お客様に役立つのか？　お客様は幸せになるのか？　を確かめるのです。

採用を見ているのではなく、**採用後のお客様の姿を見ている**と言えるでしょう。

お客様「それではやることにしましょうか」
質問型「ありがとうございます。活用できそうですか？」
お客様「そうですね。これなら使えそうです」
質問型「それなら安心ですね。**採用して、問題・課題は解決に進みそうですか？**」
お客様「そうですね。進みますね。何よりも、私がしっかりやらなくてはいけないと思います」

質問型「それはよかったです。私も応援させていただきますので、何かあれば遠慮なく言ってくださいね」

お客様「ありがとうございます」

質問型営業では、お客様が商品・サービスを使っていくのであって、営業マンはサポートという考えです。

したがって、契約においてさえ、お客様が本当に役立ててくれるのか？ 成果はあがるのか？ を確かめるのです。

ここがPoint

契約の先を見る

第6章

「フォローアップ」も「紹介」も お客様から教えてくれるようになる！

❶ フォローアップのスタンス

質問型営業（以下、質問型）「一人ひとりのお客様の欲求・ニーズを聞いて、解決策として商品・サービスの提案をする」

説明型営業（以下、説明型）「一人でも多くのお客様に商品・サービスの素晴らしさを知ってもらう」

説明型営業マンは、多くのお客様に説明することを目指す。質問型営業マンは、その人に役立つことを目指す。

営業とは、商品・サービスを役立てていただくために、お客様に対して行う「普及活動」です。

お客様に、その商品・サービスの「価値」を受け取っていただくのです。

「保険」であれば、安心な生活を得る、資産を守る。「住宅」であれば、住み心地の良い住まい、空間を得る。「日常必需品」であれば、健康、安全、便利などを得る、ということでしょう。

営業はその商品・サービスの「価値」の提供にほかならないのです。価値を提供できたかどうかが重要なポイントです。営業マン自身も、価値を提供できてこそ、役割を果たしたことになるのです。

商品・サービスから価値を受け取れたことで、お客様自身が喜び、商品・サービスをすすめてくれた営業マンに感謝します。

お客様の感謝の言葉は、営業マンのやりがいや生きがいになります。

この観点から見ると、説明型営業マンと質問型営業マンの違いがよくわかります。

説明型営業マンは、商品・サービスについて、概要、内容、お客様のメリットなどを説明します。商品・サービスの説明が営業マンの役割なのです。

説明型営業マンに「あなたの仕事の役割は何ですか？」と聞くと、次のように答えるでしょう。

説明型「一人でも多くのお客様に商品・サービスの素晴らしさを知ってもらうことです。

「この商品・サービスはお客様の日常を快適に、便利にするのです」

説明は、商品・サービスの内容、そしてお客様のメリットに限ります。商品・サービスに焦点を絞って伝える結果、お客様主体の説明ではなく、商品・サービスが主体となるのです。

質問型営業マンは、違います。

お客様からすべては始まります。お客様の欲求・ニーズは何なのか？　何を求めているのか？　問題・課題は何なのか？　に焦点が合わされています。

そのうえで商品・サービスの提供をします。

質問型営業マンに「あなたの仕事の役割は何ですか？」と聞くと、次のように答えるでしょう。

質問型「私の仕事はお客様へのお役立ちです。一人ひとりのお客様の欲求・ニーズをお聞きして、解決策として商品・サービスの提案をしてあげることです。もし、私どもで役立たないなら、私が知っている営業マンを紹介してあげます」

質問型営業マンにとって、営業はお客様が主体のお客様が良くなるための提案です。
この考え方は、すでにコンサルタントであり、お客様への専門分野のアドバイザーと言えます。お客様が良くなるために「価値」を提供しているのです。

説明型営業マンは、商品・サービスの説明に始終します。もちろん商品・サービスを買ってもらうことが目標となります。

質問型営業マンはお客様が何を求めているか、という話に終始します。結果として、お客様が求めていることを実現してもらうことが目標となるのです。

このスタンスの違いがフォローアップと紹介で、大きな差になってきます。

ここがPoint

お客様が求めていることをフォローする

❷フォローアップから紹介へ

質問型「私の仕事は採用した人が商品・サービスの価値を受け取っているか確認することです」

説明型「私の仕事は新しい人に商品・サービスの説明をすることです」

説明型営業マンは、新規のお客様を訪問する。質問型営業マンは、購入いただいたお客様を訪問する。

説明型営業マンの役割は、説明をすることです。したがって、新しく説明できる人（お客様）を探しまわることになります。

説明型営業マンは、商品・サービスを一人でも多くの人に知ってもらうために、営業活動を行います。

採用していただいたクライアントからも紹介はしていただけるでしょう。

しかし、購入したお客様を再び訪ねて紹介をもらうよりも、新しい人にどんどんと訪問し、話をするほうが早いと思う傾向があります。

説明型営業マンに「あなたの仕事は何ですか？」と尋ねると、次のように言うでしょう。

説明型「私の仕事は、新しい人にこの商品・サービスの説明をすることです」

質問型営業マンは、違います。

お客様への商品・サービスは、価値を受け取ってもらうために提供していると考えています。

したがって、**価値をしっかりと受け取っていただいているかを確認することも重要な仕事**なのです。

質問型営業マンは、採用いただいたお客様に対して、訪問したり電話をかけたりして、それを確かめます。多少の時間がかかることもあるでしょう。しかし、質問型営業にとっては重要な仕事なのです。

質問型営業マンに「あなたの仕事は何ですか？」と尋ねると、次のように答えるでしょう。

質問型「商品・サービスを提供した方々が価値を受け取っていただいているかの確認をすることです」

採用してくれたお客様が、価値を十分に受け取ってくれていたら、素直に喜び、受け取っていなかったら、活用方法をもう一度確認して、正しい活用法を伝えて促すのです。

このように、**説明型営業マンは新規の営業活動に、質問型営業マンは購入したお客様の訪問活動に時間を費やします。**

これが後々、大きな違いを生み出します。

説明型営業マンにも、購入してくれるお客様はいるのですが、どうしても新規活動が主体となるので、購入のお客様のフォロー活動がおろそかになります。ですから、購入していただいたお客様がどのようになったかの変化も聞くことができません。

質問型営業マンは、購入いただいたお客様が次第に増えることにより、フォローアップ活動がどんどん多くなります。

購入いただいたお客様からその変化を聞かせてもらいます。それによって自分のやっている仕事に自信が出てきます。それが営業活動に生かされてきます。

質問型営業マンは、自信と信念をもって仕事を進めていけるのです。

購入したお客様は、商品・サービスからメリットを得ており、自分の採用した商品・サービスが間違いなかったことを確認するとともに、紹介してくれた営業マンに感謝します。

それが**紹介につながる**のです。

次第に質問型営業マンは紹介が多くなり、紹介でお客様を獲得できるようになります。

当然、紹介された人は、最初から前向きな姿勢で営業マンの話を聞いてくれるのです。

ここがPoint

営業マンへの感謝が紹介につながる

❸フォローアップの効果

質問型「よかったです。どのようなところが役立っていますか？」

説明型「よかったです。安心しました」

説明型営業マンは、お客様の成果を心配する。質問型営業マンは、成果で自信をつける。

説明型営業マンは新規営業が中心になりますので、購入したお客様とは疎遠《そえん》になりがちです。ただ、お客様の成果が上がっているのかどうか、多少の心配はしています。

電話を一本かけて状況を聞いてもいいのですが、説明型営業マンは、常に新しいお客様に集中しているので、気持ちに余裕がありません。

フォロー活動にもなれていないため、どのような関わりを持てばよいかがわからないということもあります。

購入していただいたお客様などに会う機会があったり、何かの会合で会ったときなどには、説明型営業マンは不安で、会話は次のようになるのです。

説明型「お客様、ご購入いただいた商品・サービスはご活用いただいていますか？」
お客様「それなりに役立っていますよ」
説明型「よかったです。安心しました」

日ごろ「成果」について確認していない説明型営業マンは、どうしても「安心しました」といった言葉で終わらせてしまい、次の会話が出てきません。

質問型営業マンは、お客様が商品・サービスを採用してくれた後の価値の確認を行っています。

価値の確認は電話や訪問で行われます。具体的にどのような変化があったのか、使用前と使用後ではどのような違いがあるのか、などを聞き、自分の提供しているものにますます自信を持っていくのです。

ときには、価値を感じていないお客様もいるかもしれません（こうしたお客様の指導法については次の項目で紹介します）。しかし、圧倒的に喜んでいる人が多いので、びくつくこともなく、しっかりと会話をしていきます。

質問型「お客様、ご購入いただいた商品・サービスは活用いただいていますか？」
お客様「それなりに役立っていますよ」
質問型「よかったです。**どのようなところが役立っていますか？**」
お客様「そうですね。とくに……」

質問型営業マンはお客様をフォローアップし、価値を受け取ってもらっていることを実感します。このとき、どのように活用されているのか具体例を聞かせてもらうことで、自分の仕事にますます自信を持つのです。

ここがPoint

フォローすることで仕事に自信がつく

❹ フォローアップ―うまくいっていない場合

質問型「どのような使い方をされているか、もう一度聞かせてもらえますか?」

説明型「もう一度、成果のあげ方をお話ししましょう」

説明型営業マンは、フォローアップでも説明する。質問型営業マンは、フォローアップでも質問する。

説明型営業マンにとって苦手なのは、購入していただいたお客様の成果が弱いケースです。このようなときこそ、営業マンは商品の活用方法や使い方などを聞いて、お客様にアドバイスをしてあげる必要があります。

ところが、日頃から説明ばかりで、質問に慣れていない営業マンは、それを指導できないのです。フォローもしなれていないので、どのように会話すればいいのかがわかりません。

話をしたとしても、お客様にしっかりとした聞き込み（質問）をせず、説明に入るので、論点が絞りきれず、的確なアドバイスができないのです。

お客様「なかなか、うまく活用できなくてね」
説明型「そうなんですか。どのようにお使いですか？」
お客様「自分なりにはちゃんと使っているのですが」
説明型「そうですか。では、もう一度、成果のあげ方をお話ししますね」

説明型営業マンはお客様の状況をろくに聞かず、見切り発車してしまいます。これでは、論点が絞りきれず、漠然としたアドバイスになってしまいます。お客様も現状から変えることができないでしょう。

質問型営業マンは日頃から質問をしなれています。同じ商品を購入していただいたほかのお客様の話も聞いています。

何よりも購入されたお客様が成果をあげている例を数多く聞いていますので、落ち着いて確認をして、わからない場合は質問をして、問題の本質にたどり着くまで話を聞き出すことができるのです。

お客様「なかなか、うまく活用できなくてね」
質問型「そうなんですか。**どのようにお使いですか？**」
お客様「自分なりにはちゃんと使っているのですが」
質問型「そうですか。**どのような使い方をされているか、もう一度聞かせてもらえますか？**」
お客様「いいですよ」
質問型「たとえば、**一日の中では、どのような使い方をしていますか？**」

質問を重ねながら、お客様がどのように活用されているかを探っていくのです。
ほかのお客様が成果を出している以上、間違いなくお客様の活用の仕方が問題だとわかっていますので、質問によって詳しく掘り下げるわけです。

ここで、質問での掘り下げ方についてお話ししておきましょう。
大事なことは、お客様の話をどのように受け取るかということです。お客様の話を「イメージで受け止める」のです。

あなたの頭の中に、１枚の白紙の画像を用意して、お客様の言葉をその画像の中にイメージとして焼きつけてみます。

このイメージの中のわからない部分をどんどん「質問」していくことを繰り返していきます。

質問の言葉は、「どのようになっていますか？」「たとえば？」「具体的には？」などで、イメージを明確にしていけばいいのです。

そうすると、お客様の言われていることが、あなたの頭の中の画像でだんだんと、はっきりイメージできてきます。

実は、このときにお客様の頭の中にも画像があり、同じものを描いているのです。つまり、お客様とあなたの画像が一緒になり、共有したことになるのです。

ここがPoint

質問で問題点を掘り下げていく

⑤ フォローアップ──紹介をいただくトーク

質問型「この人にも言ってあげれば喜ぶだろうな、なんて思い浮かぶ人はいませんか？」

説明型「成果をあげられる人は、どんどん広めていかれます。そういうお気持ちがお客様にもおありになりませんか？」

説明型営業マンは、紹介依頼をお願いする。質問型営業マンは、紹介依頼も質問で進める。

紹介は、営業の非常に重要な部分です。一流の営業マンは必ず紹介をもらっています。新人の営業マンは営業活動を通して、次第にお客様を獲得していきます。そうすると、お客様（顧客）へのフォローアップも必要となってきます。

当然、これまでのように新規の営業活動に全面的に時間を割くことはできなくなります。このときに既存のお客様からの紹介がもらえると、フォローアップの時間が新規活動の時間にもなりうるのです。

フォローアップで紹介をしてもらう活動を行えばいいのですが、ここにも紹介をしてもらうためのトークがあります。これが説明型営業マンと質問型営業マンでは大きく違ってくるのです。

説明型営業マンは、やはりこの紹介においても、説明してしまう傾向にあります。たとえば、次のようになります。

説明型「成果をあげられる人は、周りの方にもご紹介して、その輪を広げていかれます。もちろんご紹介で、話を聞く人、聞かない人がいらっしゃいますが、そんなことを気にせず、どんどん広めていかれます。**そういうお気持ちがお客様にもおありになりませんか？**」
お客様「そうだね。また考えておくよ」
説明型「**よろしくお願いします**」

説明型「今、お客様への紹介キャンペーンをやっておりまして、ご紹介いただきますと、○○のプレゼントを差し上げています。ぜひこの機会にお願いします。どなたかいらっしゃいませんか？」
お客様「そうだね。また考えておくよ」
説明型「**よろしくお願いします**」

事前に紹介の事例をあげるか、何かのプレゼントがあるとかを、先に説明してお願いをしてしまいます。

これでは動機が弱く、お客様は紹介を考えてくれないので、最後はお願いになるのです。いくらお願いしても、なかなか紹介はもらえません。したがって、次第に新規活動に時間を取られるようになるのです。

質問型営業マンは、紹介についても「質問」で具体的に行うことができます。

ポイントは、お客様が商品・サービスに対して感じている価値であり、それを自覚してもらうことなのです。

質問型「お客様、今回のサービスを使っていただき、**どのような変化がありましたか？**」
お客様「そうだね。買い物にそんなに行かなくてすむようになって助かったよ」
質問型「そうですか。良かったですね。喜んでいただいて私も嬉しいです。**もう1つ良かったことをあげれば、何ですか？**」
お客様「いい商品がたくさんあって、カタログでゆっくりと選べるので助かりますよ」
質問型「それも、良かったですね。**とくに気に入ったものがありましたか？**」
お客様「○○の商品がいいですね」
質問型「嬉しいですね。これからもずっとご活用くださいね」
お客様「そうですね」
質問型「ところで、お客様に喜んでいただいているこのシステムですが、**この人にも言ってあげれば喜ぶだろうな、助かるだろうな、なんて思い浮かぶ人はいませんか？**」
お客様「そうだね。いないこともないね」
質問型「そうですか。よろしければ**そういう方々にもご推薦をしてあげませんか？** もちろん入る、入らないは関係ないです。あくまでもこの情報のご案内ですから」
お客様「そうだね」
質問型「**具体的には、どういう方が、浮かんでいますか？**」

お客様「○○さんと、△△さんですね」

このように質問型営業マンは、お客様自身が商品・サービスから価値を得ていることを改めて自覚してもらってから、紹介をお願いします。それも、「貢献」「推薦」という立場で紹介を考えてもらうわけです。

このような段階を踏んで、価値を再確認しながら進めると、お客様も納得がいき、「紹介してあげたい」という気持ちになるのです。

どこまでも、質問型営業マンは、お客様や相手の立場や気持ちを考えて話を進めていきます。

ここがPoint

お客様が感じている価値をもとに紹介をいただく

❻ フォローアップ──紹介先へのアポイント

質問型「○○さんから、どのように聞いていていただいていますか？」

説明型「親しい○○さんにもぜひ、いいのではと言われてご紹介をいただきました。つきましては、一度お会いいただけたらと思うのですが、今週はいかがですか？」

説明型営業マンは、紹介を急ぐ。質問型営業マンは、紹介を確実に進める。

前項の過程を経て、紹介してもらえる人の名前があがっても、まだまだ進めていかなければならない「段階」があります。

名前があがった方の具体的情報、紹介をしていただいたお客様との関係、どのようなことでその人の役に立つと思うのか、どのような方法や言い方で紹介するのがいいのか、などです。

説明型営業マンも、質問で情報を得ることをしていきますが、基本的に商品・サービスを自分が説明すれば、わかってもらえると思っています。

そこで、紹介された方の情報の聞き取りが弱くなってしまうのです。自分が会いさえすれば、説明さえ聞いてもらえれば、わかってもらえるという気持ちがあるからです。

ですから、お客様が紹介を躊躇《ちゅうちょ》している場合は、自分で直接電話をして、その方に会おうとするのですが、これが思うようにいかないのです。

説明型「失礼します。私◎◎会社の□□と申します。実は、○○さんから、ご紹介でお電話させていただいています。○○さんにもご活用いただき、喜んでいただいている商品・サービスがあります。親しい△△さんにもぜひ、いいのではと言われてご紹介をいただきました。つきましては、一度お会いいただけたらと思うのですが、今週はいかがですか？」

お客様「そうですか。じゃ、一度○○さんに聞いてから、お話をうかがいます」

説明型「そうですか、ではよろしくお願いします」

紹介だといっても、営業マンから電話するとこのような形になるのはわかっています。紹介をしたお客様も、あまり勝手に進められては迷惑です。したがって、紹介も控えめになってくるのです。

質問型営業マンは、紹介に際しては、紹介者（紹介される人）のことをよく聞いたうえで進めていきます。お客様への質問を通して、お客様を理解し、人間関係をしっかり作っているからです。

お客様がどのような人で、どのような人間関係を作っているかの理解も、おおむねわかるようになっています。ですから、お客様と相談して、紹介をもらうような形になります。

紹介者への電話をするようなことがあれば、お客様から事前に電話があることを相手に言ってもらっているはずです。ある程度の内容も伝わっているので、スムーズに話が進みます。

もちろん、どのようなことを言ってもらうか、どのように紹介してもらうかも相談済みで行います。

質問型「失礼します。私◎◎会社の□□と申します。実は、○○さんからの、ご紹介でお電話させていただいています。**お聞きいただいていますか？**」
お客様「はい、はい。聞いていますよ」
質問型「ありがとうございます。**○○さんから、どのように聞いていただいていますか？**」
お客様「いや、なかなか面白い話と人だと聞いていますよ」
質問型「ありがとうございます。では、一度お会いできたらと思うのですが、今週はお時間とかはありますか？」

このような形で非常にスムーズに進んでいきます。
質問というものが、アポイントからフォローアップ、紹介についての営業のすべての段階をスムーズにしていくのです。

ここがPoint

紹介者について質問する

第7章

ふだんの考え方・会話を「質問型」にすることで あなたの**営業は変わる**！

❶どのように売っていくか

質問型営業（以下、質問型）「私は、どうしたいのだろう？」

説明型営業（以下、説明型）「私はこのような方法・やり方でやっていく！」

説明型は、自分の「考え」にこだわる。質問型は、自分の「思い」にこだわる。

今まで説明型と質問型の営業トークがどのように違うのかを見てきました。これは、基本的にこの2つのタイプのポジションに違いがあるのです。

では、説明型の人と質問型の人では、どのようにポジションが違うのでしょうか。実は、**説明型は「考え」に注目し、質問型は「思い」に注目している**のです。

人間の行動原則は、「**感じる・思う↓考える↓行動**」でした。

説明型は「考える」に注目します。その考えから、「やり方・方法」が出てきます。このやり方・方法を使って、お客様を行動へと導こうとしているのです。

説明型の自己対話「**私の考えからいくと、このやり方・方法がいい**だろう。きっとうまくいくはずだ。だから、このやり方・方法でやっていこう」

このような考え方で、実際に行動することになります。

問題は、これがうまくいかない場合です。うまくいかないと、「私の考え」が間違っているということになります。

説明型は、自分の考えたやり方・方法がうまくいかないと自分自身がダメだという結論になるので、決して間違っているとは言わないのです。

そして、次のように考えます。

説明型の自己対話「なぜ、うまく進まないのだろう。私の考えからいくと、この方法・やり方しかないはずだ。やり方・方法が甘いのかもしれない。もっと、行動量を増やしていこう。必ずうまくいくはずだ」

自分の考え、やり方・方法を変えず、こだわって、ごり押しをするようになるのです。

質問型の場合は、「自分の思い」に注目します。

質問型は常にスタートの「思い」を問いただして、「考え」「やり方・方法」「行動」へと導こうとしているのです。

最も重要なのは「自分の思い」であり、どこまでも思いをかなえることに重点を置きます。考えや行動は、目標を達成するために柔軟なのです。

質問型の自己対話「私にとって重要なことは、自分の思いだ。**私はどうしたいのだろうか？　そうだ！　○○を達成したいんだ！　そのためには、このやり方・方法がベストのはずだ。**これでやっていこう！　そして、必ず自分の思いを達成しよう！」

質問型の人は思いを大事にしています。思いを達成するために、自分のやり方・方法を決めるのです。

重要なのは達成へのこだわりです。やり方・方法にはこだわりません。いま決めたやり方は、あくまでも１つの考えであり、手段なのです。やり方・方法が違っていたとしたら、素早く切り替えていきます。

質問型の自己対話「自分の思いを達成するために、このやり方・方法を選んでやってきたが、思うように進んでいない。これでは達成はおぼつかない。**達成のために新しいやり方・方法を考えていこう。**軌道修正だ」

質問型は、達成のために柔軟に対応するのですが、説明型は柔軟性が低いのです。質問型は「思い」にこだわり、説明型は「考え」にこだわっているからなのです。

ここがPoint

自分の「思い」にこだわってやり方を考える

❷面会前のシミュレーション

質問型「相手は何を求めているのだろう？」

説明型「相手にどのように説明すればうまくいくのだろう？」

説明型は、「説明の組み立て」をシミュレーションする。質問型は、「質問の組み立て」をシミュレーションする。

説明型の人は自分の「考え」に集中します。どのようにすれば相手にわかってもらえるかを考え、相手の考えがスムーズに進むように、話の展開方法、やり方を決めていきます。あくまでも説明中心で、どのように相手を納得させるかを考え（これが説得になるのです）、面会方法を練り上げていきます。

相手との具体的な面会を次のようにシミュレーションするのです。

〈説明型の面会前のシミュレーション〉

「相手にどのように説明すればうまくいくのだろう……。

①まず、相手と会ったら挨拶をして、和やかな雰囲気を作ろう
②そして、相手の会社のことを聞き、自分の会社のことを話そう
③さらに、今日来た目的を告げ、どのような話なのかを伝えよう
④話の順番を伝え、了解を得よう
⑤さっそく、**その順番通りに説明しよう」**

基本的に、説明型のシミュレーションの内容は、相手にどのように話すかの「説明の仕方」です。自分がいかに話していくかという「方法、やり方」に集中しているのです。

説明型の問題点は、相手が話すという場面が出てきたときに、この通りに進んでいかないことです。

説明中心の予定で考えているわけですから、黙って聞いてくれる相手以外は、なかなかこの通りには進んでいきません。

結局、説明型はシミュレーションしてもその通りにならないことが多く、次第にシミュレーションをしなくなるのです。

質問型の人は、相手に「どのように質問するか」の組み立てを行います。最終地点に向けた相手と自分の一致点を決め、相手への質問を通して、どのように運んでいくかをシミュレーションします。

人間の行動原則である「思い」→「考え」→「行動」に基づいて、相手が思いを高め、考え、行動に進んでいくように質問を組み立てるのです。

「人は考えや内容を説明することによって動く」

というのが、説明型の基本的な考え方です。

質問型では、

「人は自分自身の思いによって動く」

というのが、基本的考え方です。

シミュレーションにおいても、自分自身が営業を受けている相手だとしたら、どのような気持ちになれば進んでいくかを想定して、質問を組み立てていくのです。

相手との具体的な面会は、次のようなシミュレーションになっていきます。

〈質問型の面会前のシミュレーション〉

「**重要なことは、『相手は何を求めているか？』ということだ**。それをまず、理解することを優先しよう。そのために、

①相手と会ったら挨拶をして、相手のことを**質問**し、和やかな雰囲気を作ろう
②相手の会社のことを**質問**し、状況を理解しよう。自分の会社のことも伝えよう
③今日来た目的を告げ、**質問**で、どのような話を期待しているかを聞こう
④なぜ、そのような話を期待しているのかの理由を**質問**しよう
⑤話の順番を伝え、期待している話をメインに説明することを伝えよう」

基本的に質問型のシミュレーションは、相手への質問です。それも、それぞれの質問が目的を持ち、相手の気持ちがスムーズに、納得をもって進むように組み立てていきます。もしそのようにならないときには、その場面で立ち止まり、質問で深めて、お客様が納得される部分まで進めていきます。

質問型は、人の気持ちを大事にします。

このような面会の経験を通して、質問の仕方などもだんだんうまくなります。

結果として、質問型は次第にノウハウがたまり、ますますシミュレーションがうまくな

るのです。

このシミュレーションは、書いて行うことをおすすめします。書くと具体的な部分が見え、話や質問の順番も見えやすくなり、自信をもって面会に向かうことができます。

シミュレーションの具体的な書き方については、『図解　新人の「質問型営業」』（同文舘出版）、『「3つの言葉」だけで売上が伸びる質問型営業』（ダイヤモンド社）で紹介しています。また、シミュレーションのシートとサンプルも添付していますので、参考にしてください。

ここがPoint

シミュレーションでノウハウがたまる

❸面会後の振り返り

質問型「相手の思いを引き出す質問ができただろうか？」

説明型「どうすれば、納得させられるのか」

説明型は、より緻密になる。質問型は、より洗練される。

説明型の人は、お客様と面会できたとき、「いかにうまく説明するか」に集中しています。説明の内容で、相手が100％納得することを常に求めています。

したがって、説明していく中で相手から言われることや、質問されることがあった場合は、次回にはそれをなくすような説明をしようとします。

前回の面会や今までのお客様に言われたこと・質問を排除するための説明を考え、前もって話すようにしていきます。

〈説明型の面会後の振り返り〉

「**大事なのは『どうすれば相手を納得させられるか』**だ。

面会の中で、まず最初に反論があったので、そうした反論を言われないようにプレゼンを組み立てよう。また、途中で質問が出たけど、その質問への回答も事前にプレゼンの中に組み込んでおこう。

このような対処をすることで、より納得を与えられるプレゼンにしよう！」


説明型は、お客様に言われたことに対する対処法を考えて、事前に言われないように説明を増やしていきます。カタログや説明本がある場合は、それらの説明を盛り込むためにますます分厚くなり、説明が長くなるのです。


質問型の人の場合は、まったく逆になります。

効果のある質問は残していき、効果のなかった質問はどんどん省いていきます。

効果があるとは、「お客様の感情が引き出された質問」です。お客様が、自分の思いを実現したいという気持ちになり、どうすれば実現できるかを考えるようになる質問です。

質問の仕方や共感の仕方、展開の仕方などについても、常に改善を行います。

〈質問型の面会後の振り返り〉

「大事なのは『相手の思いを引き出す質問ができたかどうか？』だ。

面会の中で、途中反論を言われたが、その反論からお客様の本音を引き出すことができたのは良かった。また、途中に質問が出たけど、そもそもその質問が出たということは、最初の段階でしっかり相手の気持ちを引き出せていなかったということだ。最初の質問でしっかりと本音まで引き出すようにしよう。

このように質問を深めることで、より感動を与えられるプレゼンにしよう」

毎回こうした検討をしていく結果、質問が洗練されていき、基本的には面会の時間は経験を積むにつれて、短くなっていくのです。

ここが Point

効果のある質問を積み重ねる

④日常会話①

質問型「あなたはどのように思い、考えているの？」

説明型「私はこのように思い、考えているよ」

説明型は、自分軸で説明する。質問型は、相手軸で質問する。

普段の会話についても、説明型と質問型の人とでは、話の流れが大きく違ってきます。人間の行動原則である「思い」→「考え」→「行動」に基づいて考えれば、これはよくわかります。

説明型の人の場合は、この「思い」→「考え」→「行動」の中心が自分軸になっています。つまり、自分自身がどのように思い、考えているかを、相手に話すのです。

〈説明型の日常会話〉
「私は、○○の件については、□□のように思い、△△のように考えている。なぜなら、……だからね。あなたも、そうは思わない？」

このように、自分の思いや考えが主体であり、それを説明することが習慣になっています。

仮に相手のことを聞いたとしても、自分の次になります。相手としては意見を言われた後に、意見を求められるので、意見を重要視されていないように感じ、おもしろくないのです。

質問型の人の場合は、「思い」→「考え」→「行動」の中心を相手に置いています。相手の人がどのような思いであり、考えなのかを中心に話を進めるのです。常に質問をし、相手の意見を聞きながら話を進めていきます。

〈質問型の日常会話〉
「あなたは、○○の件については、どのように思い、考えているのですか？　よければ教えてもらえませんか?」

質問型の人は相手が思ったり、考えていることをまず聞かせてもらおうとするので、質問が中心になります。

自分の意見を言うのは、相手の意見を聞いた後です。ふだんの会話では、まず相手のことを考えるというスタンスが話の流れに出てきます。

以上のように、説明型は自分のことだけを話す傾向があり、質問型は相手のことを聞き出しながら、自分の話もするようになります。この点が日常会話での違いと言えるでしょう。

ここがPoint

相手の意見を引き出していく

❺日常会話②

質問型「なぜそのように言われるのですか？」

説明型「私は以前から、わかったことがあるのです」

説明型は、相手の興味を引くことを考える。質問型は、相手に興味を持っている。

自分の説明を聞いてもらうためには、相手の興味を引く必要があります。説明型の人は、いつも相手の興味を引いて、こちらに注目させることを考えています。興味を引き、注目してくれた人は、自分の説明（話）を聞いてくれるからです。ですから、トークはいつも興味を引くトークから始まります。

〈説明型の日常会話〉

説明型「私は以前から、〇〇について、わかったことがあるのです」
相手　「へえ、それは何ですか?」
説明型「日常で非常に効率化できる方法です。それはですね。実は……」

このような形で、自分の話で興味を引いて、説明を始めます。そのための話し方や言い方なども無意識に工夫をします。どこまでも、自分の話を興味を持って聞いてもらえるようにしていくのです。

話に引きつけられる人は、この人に魅力を感じます。

熱心にこの人の話を聞くようになります。ファンになるのです。

ただ、次第につまらなくなってきます。なぜなら、自分が話を聞くばかりで、自分の話を聞いてくれないからです。この状態に飽きてきて、その人から離れていくのです。

〈質問型の日常会話〉

質問型の人は、話し相手に興味を持って、むしろ質問をしていきます。相手に興味を持って質問した分だけ、返答に対してさらに興味がわいて、新たな質問をしていきます。

質問型「○○さんは、なぜそのように言われるのですか？」
相手「それは自分の考え方なんですよ」
質問型「そうなんですか。なぜ、そのような考え方を持っているのですか？」
相手「若いときに強烈な経験をしてね」
質問型「そうなんですか。それって、どのような経験ですか？」
相手「実は……」

質問型の人は常に相手への質問を繰り出しています。質問は、相手への興味にほかなりません。

「相手には自分とは違う考えがあり、違う生き方がある。違う経験をしている。違う発想やアイディアがある。そういうことを聞かせてもらうと、自分自身が新たな発想やアイディアを得て、成長できる。だから相手の話を聞かせてもらうのは楽しいことだ」と考えているのです。

ここがPoint
新しい考えを聞くのが楽しい

❻ 日常会話③

質問型「それってどう思う？」
説明型「それは、…ということじゃないか」

説明型は、常に頭を使って考えている。質問型は、フランクに質問して考える。

説明型の人は、「自分の考え」にいつも注目しています。

「考え」に注目している説明型は、自分自身が話す内容に対して考え、発した言葉は主張の強いものになる傾向があります。

〈説明型の日常会話〉

説明型「私は○○については、□□のように思っています。なぜなら、……と考えるからなんだよね」
相手「なるほど」
説明型「そうだろ。というのは……だからだよ」
相手「そういうことなんですね」

「考え」は、自分の人格や人間のレベルを表現していると思っており、発言内容には気を使います。

また、他人の発言も見逃さず、おかしいと思うと攻撃することも多いのです。

質問型の人は、「人はそれぞれ思いや感じ方があって、そこから考えが出てきている」というように考えます。

一人ひとりが違い、それぞれの個性を持っているので、違って当然だと考えているのです。ですから、フランクに聞き、話をすることができるのです。

〈質問型の日常会話〉
質問型「○○について、△△さんはそれってどう思う？」

相手「私は……だと思うよ。なぜなら、□□だからね」
質問型「なるほどね。私は……のように思っているんだ。というのは、～～だからね」

このように相手の考えを気軽に尋ね、自分の意見も気軽に伝えます。個々の個性が違うということを認めているからこそ、気軽に聞けるわけです。フランクに自分の意見も言えるのです。

ここがPoint

フランクに人の意見を聞く

おわりに

質問型「コミュニケーションが盛り上がる」

説明型「一方的な話になる」

説明型の人は、自分の考えを伝えていくため、自分自身が話そうとします。したがって、1対1でもグループでも、一方通行になることが多いのです。

仮に相手の話を聞くことがあっても、相手の考えや意見と、決して交わることはありません。自分の主張を話して終わる、ということになります。

質問型の人は、そのようなことになりません。個々の思い、感じ方から考えや意見があり、すべての人が違うと考えています。

相手の意見を聞き、認めます。お互いに質問しあい、意見の本質まで聞き取ろうとします。

1対1であろうが、グループであろうが自然とコミュニケーションは盛り上がります。

説明型の場合は、自分の話をして自分を認めてもらおうとするのですが、質問型はお互いの意見を認め、融合させて新しい何かを作り上げられないかとさえ思っています。

説明型と質問型が大きく違うのは、根本的な考え方であり、それが説明型と質問型の会話の言葉や内容が違ってくる理由です。

現実的には、この2つのタイプに、良い悪いはありません。ですが、日々の中で互いに認めあい、楽しく生きるためには質問型のほうが明らかにいいように思えます。

最後に、今までこの本で「説明型」と「質問型」の営業トークの違いをお伝えしてきましたが、どのように感じられたでしょうか?

説明型と質問型。これは単なる言葉の違い、話の展開の違いではありません。私は、この2つのやりかたを極端にまで実践した者として、

「人生を変える大きな違いになる」

と実感しています。

この本を読まれたあなたも質問型を実践し、実感していただければ幸いです。

青木　毅（あおき　たけし）
大阪工業大学卒業後、飲食業・サービス業を経験し、米国人材教育会社代理店入社。1998年には個人・代理店実績全国第１位となり、世界84か国の代理店2500社の中で世界大賞を獲得。株式会社リアライズ（本社：京都府）を設立後、2002年に質問型セルフマネジメントを開発。自治体への質問型コミュニケーションを担当指導する。08年、質問型営業のコンサルティングを企業・個人に向けてスタート。著書は『「3つの言葉」だけで売上が伸びる質問型営業』『3か月でトップセールスになる 質問型営業最強フレーズ50』（以上、ダイヤモンド社）、『図解 新人の「質問型営業」』（同文舘出版）など多数あり、特に質問型営業シリーズは総部数10万部を超えている。Podcast番組「青木毅の質問型営業」は累計ダウンロード数が300万回を突破。

売《う》れる営業《えいぎょう》の「質問型《しつもんがた》」トーク
売《う》れない営業《えいぎょう》の「説明型《せつめいがた》」トーク

2017年４月１日　初版発行
2018年８月１日　第４刷発行

著　者　青木　毅 ©T.Aoki 2017
発行者　吉田啓二

発行所　株式会社日本実業出版社　東京都新宿区市谷本村町３−29 〒162-0845
大阪市北区西天満６−８−１ 〒530-0047
編集部 ☎03-3268-5651
営業部 ☎03-3268-5161　振　替　00170-1-25349
https://www.njg.co.jp/

印刷／厚徳社　製本／若林製本

この本の内容についてのお問合せは、書面かFAX（03-3268-0832）にてお願い致します。
落丁・乱丁本は、送料小社負担にて、お取り替え致します。

ISBN 978-4-534-05487-6　Printed in JAPAN